歴史文化ライブラリー

6

世界文化遺産　法隆寺

高田良信

JN214279

吉川弘文館

原則として、初版で掲載した口絵は割愛しております。

目次

法隆寺は語る

世界の文化遺産　法隆寺とは

法隆寺の宝物とその伝来

法隆寺は語る

法隆寺を支えてきたもの

世界最古の木造建築

法隆寺が、日本ではじめて世界文化遺産に登録されたのは、「世界最古の木造の建物」が現存しているという理由による。その法隆寺は推古十五年(六〇七)に聖徳太子によって建立されたと伝えている。

しかし、現在の法隆寺は天智九年(六七〇)に焼失したのちに再建したものとする見解がつよい。その法隆寺を再建させたものは一体何であったのか。どうしても国家的規模による再建であったとは考えられない。

なぜならば、法隆寺はけっして七世紀を代表する最高最大の寺院ではなかったからである。たしかに法隆寺が太子によって創建されたときは、その時期を代表するAクラスの寺院の一つであったかもしれない。ところが天智九年の焼失後に再興した法隆寺は、BかCクラスの寺院であったとみるべきであろう。

すでに太子とその一族は滅亡し、法隆寺のスポンサーとなる有力な人物の影はそこにはみられないからである。おそらく法隆寺の再建は、近江《おうみ》・大和《やまと》・河内《かわち》・摂津《せっつ》・播磨《はりま》・讃岐《さぬき》・伊予《いよ》などの各地に散在していた法隆寺の領地やおおくの人びとの協力によってはじまったと考えられる。そのために資金に苦労しながら作業が進められ、資財の不足から再建の作業が中断することも、しばしばあったらしい。そのときの法隆寺には資材や技術を選択するような余裕はなかったはずである。

ところが、そのように資金に欠乏していた法隆寺が一四〇〇年後の今日に現存し、国家や有力なスポンサーにめぐまれて造営された大寺院の建物のおおくは現存していないという、まことに不思議な現象に気がつく人はきわめてすくない。

どうして法隆寺のみが一四〇〇年にわたって、木造建造物を維持することができたのか。それは法隆寺では三〇〇年ごとの大修理とそのあいだにおこなわれる屋根替えなどの小修理をコンスタントに実施できたということにつきる。もし、一度でも修理することができなかったとしたら、その建物は崩壊していたはずである。まさに法隆寺を支えてきたものは寺僧を中心としたおおくの人びとの太子信仰にかける献身的な努力そのものであったといわねばならない。

鵤荘と磯長御廟

そのメンテナンスを確実におこなうことができたのは、法隆寺の各地の寺領からの収入が安定して得られたからであった。『法隆寺伽藍縁《ほうりゆうじがらんえん》起并流記資財帳《ぎならびにるきしざいちょう》』には天平のころ、法隆寺が所有していた水田・薗地・山林・庄倉などの所在地とその広さが記載されている。それによると法隆寺の寺領は近江国栗田郡、河内国渋川郡、播磨国揖保《いぼ》郡、讃岐国大内郡・伊予国温泉郡など各地に散在する。そのなかでも、のちに「鵤荘《いかるがのしよう》」とよばれるようになる庄倉は、桃山時代にいたるまで法隆寺を支える屋台骨となった。その所領は兵庫県揖保郡太子町《たいし》と竜野市の一部にわたり、各地にあった法隆寺の所領のなかでも最も広大なものであった。このはじまりは、太子が推古十四年（六〇六）に推古天皇から布施《ふせ》として賜った播磨国佐西《させ》五〇万代《しろ》の地を「伊河留我本《いかるがほん》寺《じ》」「中宮尼寺《ちゆうぐうにじ》」「片岡僧寺《かたおかそうじ》」の三カ寺に施入したことにはじまると伝えている。

平安時代の法隆寺の記録によると寺僧を鵤荘に派遣して、直接荘園の把握につとめることに懸命となっていることからも知られよう。かつて寺僧たちは七日間あまりの日数をかけて鵤荘へと赴いたとする記録がのこされている。中世以降も年貢の押領や数々の圧迫を受けながらも、さまざまな手段で時の為政者に訴え、鵤荘を守りとおしてきた。そのために数多くの寺僧が奔走したのである。まさに鵤荘は法隆寺を支えるおおきな財源であり、この鵤荘からの収入によって法隆寺が現存しているといっても過言ではない。

ところが豊臣秀吉の時代になって荘園制は崩壊し、鵤荘は法隆寺の支配から離れることとなった。それまでの約一〇〇〇年の間、鵤荘は法隆寺の台所を支えていた。法隆寺は大きな財源を失ったのである。

一方、文禄四年（一五九五）には太閤秀吉から法隆寺に対して現在の広陵町にある安部を中心とする地域に新しい領地が与えられ、その地からおさめられる一〇〇〇石の年貢をもって、かろうじて法隆寺を維持することとなった。しかしそれだけでは、とても伽藍《がらん》の修復まで手がまわらなかった。そのため、それ以後の修理は豊臣家や徳川家からの援助と江戸や大坂・京などの庶民からの浄財によってまかなわれることとなった。

法隆寺の経済面の支えであった鵤荘に対して、河内の叡福寺にある太子の御墓「磯長御《しながご》廟《びょう》」は法隆寺にとって精神面のおおきな支えであった。太子は推古三十年二月二十二日に「斑鳩宮《いかるがのみや》」で薨去《こうきょ》されたと伝えられている。薨去の地については、最近斑鳩町が発掘した上宮《かみや》遺跡付近にあったとみられる芦垣宮《あしがきのみや》であったとする伝承ものこされている。

聖徳太子の磯長御廟

ちなみに太子の御命日法要については、法隆寺では明治四十四年（一九一一）からは一月遅れの三月二十二日に、播磨の斑鳩寺《いかるがでら》では二月二十二日に、磯長の叡福寺では新暦になおした四月十一日に厳修している。

太子が亡くなられた後、太子の棺《ひつぎ》は薨去の地「斑鳩《いかるが》の里」からおおくの人びとにまもられて磯長御廟へと運ばれた。その葬送の様子は『太子絵伝《たいしえでん》』に描かれているが、その姿は昭和天皇の御大葬の様子にきわめてよく似ている。また、棺が磯長御廟へとむかった道は「太子道」とよばれ、その古い道筋は一四〇〇年後の現在も大切にのこされている。

このように世界文化遺産「法隆寺」を一四〇〇年のあいだ支えてきたものは、財源としての兵庫県揖保郡太子町の鵤荘を中心とする寺領と、法隆寺を支えた太子信仰の根本である磯長御廟の二つの存在が大きかったのである。

世界文化遺産指定への道

世界文化遺産条約への登録

平成五年十二月、法隆寺地域の仏教建造物群（法起寺《ほうきじ》の三重塔をふくむ）は、わが国を代表する貴重な文化遺産として「世界遺産条約」に登録された。

この条約を運営する世界遺産委員会は平成五年の十二月十日に開かれたユネスコの総会において、姫路城とともに法隆寺を正式に「世界文化遺産」として承認したのである。そして翌日十一日付けでユネスコ委員長が署名し、その日が正式の登録日となっている。

私たちは奈良県庁からのファックスによって世界文化遺産に登録されたことを知ったのであった。その書面にはつぎのように記されていた。

コロンビアで十二月六日から開催されています世界遺産委員会において、文化遺産である「法隆寺地域の仏教建造物」が現地時間平成五年十二月九日午前十時三十分、日本時間平成五年十二月十日午前〇時三十分に登録されたとの連絡がありました。

文化財保存課

世界文化遺産に関する法隆寺への連絡は、それっきりで、それ以外は何もなかったのである。「文化遺産の認定書」が存在することなどは、まったく知らされていなかったし、事実、文化庁や奈良県も知らなかったらしい。

ところが最近、中国の始皇帝陵などには認定書が存在することがわかったので、中国にはあって日本にないはずがないと考え関係機関にお尋ねしたところ「外務省文化第二課」に保管されていることが判明した。

わたくしは早速、外務省などと連絡をとり、交渉の結果、やっと平成七年末に認定書のコピーを入手することができたのである。その後そのコピーを境内に掲示し、拝観者にご披露することとしたのである。

登録の意義

冒頭でものべたように、日本で初めて法隆寺が「世界遺産条約」に登録されたことは、法隆寺が世界最古の木造の建造物であることに由来していることはいうまでもない。これによって法隆寺は「木造の文化」を代表する世界遺産として認知されたといえるだろう。

その法隆寺を一四〇〇年にわたって支えてきたものはいうまでもなく聖徳太子への篤い信仰以外の何物でもない。もし太子への信仰が根づいていなかったとしたら、今日のような法隆寺の姿をみることはできなかったはずである。法隆寺の宝物の調査をおこないながら、最近、いっそうその思いを強くしている。それは法隆寺へおさめられた宝物のすべてが、太子へ奉納されたものと考える信仰のもとに保存されてきているからである。

法隆寺は「捨てるということを知らない寺院」といえる。破損したり、使用しなくなった物もふくめて、すべての物を寺内の蔵などに保管しておくことを寺訓としてきたのであった。そのようなことからも私は、法隆寺を支えてきたものは太子への人びとの篤い信仰心であったと実感している。「捨てるということをしない」、そこには法隆寺にのこるすべてのものが太子ゆかりの品々であるという太子への信仰心が深く宿っていた。その信仰心が現在に貴重な文化遺産をのこしたのであった。

意外に思われるかもしれないが、法隆寺の存在が世の中にひろく知られるようになったのは、今からわずか一〇〇年ほど前にすぎない。

それは明治十七年ごろからアメリカのフェノロサやビゲロー、ウエルドといった人びとや日本の美術界の重鎮であった岡倉天心《おかくらてんしん》などによって広く紹介されたことにはじまる。そして、その文化遺産が世界的にも貴重なものであることがしだいに認められ、今回の登録へと結びついたのである。

このように法隆寺が国際的な存在になったことによって、太子への信仰も国際社会において深く理解されなくてはならない。やがて太子のすぐれた業績と太子への信仰が世界の人びとに理解されることによって、はじめて法隆寺が世界文化遺産に登録された意義があるというものである。

法隆寺金堂壁画の焼損

世界的に名高い法隆寺の金堂壁画《こんどうへきが》は昭和二十四年（一九四九）一月二十六日の未明に不慮の失火によって焼損した。その大惨事を契機としてわが国の文化財保護の気運がたかまり、そして文化財保護法が施行されることとなった。この壁画の焼損が文化財保護のための尊い礎《いしずえ》になったような気がしてならない。

文化財保護のモニュメント

その焼損した壁画と金堂下層の軸部は当時の科学の英知を集めて、最高の方法であった樹脂によって保存処理がなされ、保管されている。それは戦後の混沌としていた時代としては最高の処置であったといえる。それ以後は、壁画をおさめるために建設された収蔵庫のなかで厳重に保存されることとなり、その保護のため、一般の人びとが拝観できる機会はほとんどなくなっている。

私は、若いときからこの焼損壁画に接するたびに、是非とも十分な保存処置をおこなってから、希望される人びとに公開することができればと願っていたのである。それは、この痛ましい焼損壁画こそが、わが国の文化財保護のモニュメントであり、シンボル的存在であるとおもったからである。

焼損壁画への影響を考慮し、公開にはおおくの制約もあったが、世界文化遺産への登録を記念して、事前に綿密な調査をかさねたうえで、公開への道筋を開いたのである。このことによって法隆寺の優れた文化財の再認識をはかり、文化財保護の気運がよりいっそうたかまることを願ってのことであった。

世界の至宝といわれる法隆寺金堂の壁画、残念ながら焼損前の姿をわたしは知らない。その美しさは、写真や人びとの話から想像するしかないのである。

しかし、今となっては知らないほうが幸せであったのかもしれない。もし、知っていれば焼損した壁画があまりにも無残であり、今以上にもっと悲しくになるに違いないからである。

この金堂壁画は明治の中ごろから岡倉天心らによって注目され、その保存方法が検討されていたが、結論を得ないままに時は過ぎるばかりであった。

壁画の模写

そして、ついに、昭和十四年金堂の解体修理を目前にひかえて、とりあえず壁画の忠実な模写をおこなうこととなったのである。

まず、模写を担当する画家として、荒井寛方《かんぽう》・中村岳陵《がくりょう》・入江波光《はこう》・橋本明治の四画伯が選出され、二年間で完成する計画のもとに、翌年の秋から模写の作業がスタートしたのであった。

その薄暗い金堂内の壁画を鮮明に写しとるために、同十五年の夏には蛍光灯（蛍光放電灯と呼ばれていた）がはじめて実用化された。その明るさによって浮び上がった壁画の美しさに画伯たちは驚きと感嘆の声をあげたといわれている。画伯たちは法隆寺の塔中《たっちゅう》寺院や近くの民家に寄宿して模写作業に献身的な努力をはらわれていたが、時局はますますきびしくなり模写作業はおもうにまかせないありさまとなった。

ちょうど、そのころ故井上靖氏は記者として取材のために法隆寺に足を運ばれることがおおかったようである。そのようなおり、井上氏は、模写の作業に従事されていた荒井寛方画伯から「形あるものは亡びますよ」といった言葉を聞かされた、と生前に披露されたことがあった。この荒井画伯の同じ言葉は、わたしの師匠の故佐伯良謙管主からも聞いた記憶がある。私には、荒井画伯が語ろうとされた言葉の意図するところはどこにあったのかはわからない。

荒井画伯は、かつてインドのアジャンター石窟寺院にのこる壁画を模写されたこともあり、数々の豊かな経験のうえに立って、そのような考えが生れたのか、あるいは私たちにはわからないもっと深い意味が込められた言葉であったのか、今となっては、その真相を知るすべはない。わたしはこの話を聞いて「財物は亡び易くして永く保つべからず、ただ三宝の法のみ絶えずして、以って永く伝うべし」（『大安寺《だいあんじ》伽藍《がらん》縁起《えんぎ》幷《ならびに》流記《るき》資財帳《しざいちょう》』）との太子の尊い言葉を思いだす。

金堂の失火

不幸にも、荒井画伯の言葉は数年後に現実のものとなり、昭和二十四年一月二十六日未明、金堂出火の悲劇の日をむかえたのであった。

その日の「法隆寺日記」に、

昭和二十四年一月二十六日（水）快晴

一　金堂火災之事

早朝六時□分頃修理工事事務所の「サイレン」鳴る。普通の鳴らし方にも、非常警報の鳴らし方に非《あら》ず。
然《しか》る処《ところ》、金堂《こんどう》出火の報あり。貫首《かんしゅ》以下一同打驚き、慌《あわ》ただしく伽藍《がらん》に走り到る。此時、火は炎々として屋上に吐き出したり。消防隊は当地及び隣村より続々駆け着けて、ホースを取付けつつあり。
貫首は直《ただち》に金堂内陣に飛び込まんとせしも、衆人大に危険なるを見てあぶないと叫び皆々抱きかかへて階段に連れ下ろしたり。

とあり、「法隆寺国宝保存工事事務所日記」には、

二十六日午前七時二十分頃金堂屋上ヨリ火ノ手ガ上リ内部、天井、貫ヲ焼失シ八時二十分頃鎮火。

「法隆寺国宝保存工事事務所宿直日記」には、

二十六日朝七時発火金堂火災焼失。
人夫井上新太郎の報知に依り、直ちに小使をしてサイレンを吹鳴せしめ、附近在住の所員、現場職人に連絡招集の処置を構ず。後火災現場に馳せ、消火に努む。鎮火八時。

などと、そのときの法隆寺の動揺ぶりがリアルに記されている。

また、そのときの心情を佐伯定胤《じょういん》管主が知人に宛てた書翰には、つぎのように記されている。

しかしながら最も取り返しの付かぬ事と相成り候《そうろう》は壁画の焼損にて、誠に痛惜の感に耐え申さず候。全《まった》く文部省の壁画模写役人の不注意怠慢《たいまん》の結果の事、ここに至りしものにこれ有り。

その後、焼損した壁画と金堂下層の軸部は永久に保存するために樹脂で固められ、終戦直後としては最善の科学的処理がなされたのである。

無言の忠告

やがて、金堂の棟上式《むねあげしき》も終わり、再建の作業も完成に近づきつつあったある日、金堂の屋根に登った子どものころのわたしは、あまりの高さと足場の隙間《すきま》からみえる下層の様子に足がすくんで動けなくなり、ついに作業をしていた人の背に負われておりたことが、なつかしく思いだされる。

一方、そのころ焼損壁画をおさめるために新設された収蔵庫のなかでは、もう一つの金堂再建の作業がおこなわれていた。焼けただれた柱や壁画からは、樹脂のきつい刺激臭がわたしたちの目と鼻を刺激し、収蔵庫に入ると自然と涙があふれでたものである。

それは決して壁画の悲惨な様をみて流れる涙ではなかった。残念ながら幼いわたしには

金堂焼損壁画（釈迦浄土図）

焼損した壁画がいかなる悲劇の主人公であるかといったことを十分理解するだけの能力が育っていなかったのである。ただ、樹脂の強烈で刺激的な匂いが私をそうさせたにすぎない。今からおもえば、まことにはずかしいかぎりである。

それから四〇年あまりが経過した今、わたしは、日本文化をこよなく愛した米国人の故ラングドーン・ウォーナー氏が「焼けた壁画はみるにしのびない。友の亡骸《なきがら》に接するような心地がする」と語られたことを思いだす。

私もまったく、同感である。しかし私たちにはそれだけですまされない責務を感じる。焼損し、色彩を失ったとはいえ、今なおかつての美しい様をしのばせる焼損壁画。その命は決して死んだものとはおもわれない。壁画自身も必死に猛火を耐えしのび、その後の人びとの切なる努力によって、かろうじて崩壊をまぬがれ、箇所によっては焼損以前よりも図様が鮮明となったところがみられるほどである。

私たちは、壁画の苦痛を意として、このような惨事がふたたびおこらないよう、焼損壁画がいつまでも、私たちを見まもり、無言の忠告を与えつづけていることを忘れてはならないのである。

世界の文化遺産　法隆寺とは

聖徳太子と謎の寺

日本に仏教が伝来したのは六世紀中葉の欽明《きんめい》天皇の時代であったといわれている。そのころの人びとは黄金に輝く異国の神、仏像をどのようにみていたのだろうか。

おそらく、今までみたこともない光り輝く仏像に対して一種の恐怖と畏敬《いけい》の気持ちが交錯する複雑な面持ちで接したことであろう。そのころの為政者たちは「仏の教え」というよりは、むしろそれに付随してもたらされた優れた文化に目を見張ったにちがいない。

太子信仰と法隆寺

その文化とは、はるか遠くの国ペルシャをはじめとする国々からシルクロードを通ってもたらされたすばらしい文物や技術であった。人びとがそのような仏教を優れた文化を生みだす「尊い教え」と考え、大いなる興味をいだきはじめたのも当然というべきであろう。

そうした時期に出生されたのが聖徳太子であった。太子は用明天皇の皇子であり、権力者蘇我稲目《そがのいなめ》の孫にもあたる。

太子はわが国においてはじめて仏教の精神にもとづく国作りに着手し、日本で最初の憲法を制定された。とくに、日本において仏教をはじめて深く理解された聖者でもあり、おおくのすぐれた文化を積極的にとりいれた偉人でもあったのである。まさに日本の仏教や文化は太子によって興ったというべきであろう。そのようなことから太子は古くから「わが国の教主」として、また「文化の祖」として崇められていたのである。

その太子が斑鳩《いかるが》の地に宮殿を造営し、皇太子として数々の政策を立案し、実行に移されたのである。とくに、仏教の教えを重視され、小野妹子《おののいもこ》を中国へ派遣して先進国の優れた文化の導入に積極的な姿勢を示されたのである。

そのような時期に建てられたのが法隆寺であった。縁起《えんぎ》によると、法隆寺は推古天皇と聖徳太子が用明天皇の発願にもとづいて建立されたものと伝えている。まさに法隆寺は日本の夜明けに建てられた寺院だったのである。

ところが、その法隆寺に不運が襲いかかった。推古三十年（六二二）に太子が亡くなり、

上宮王家系図

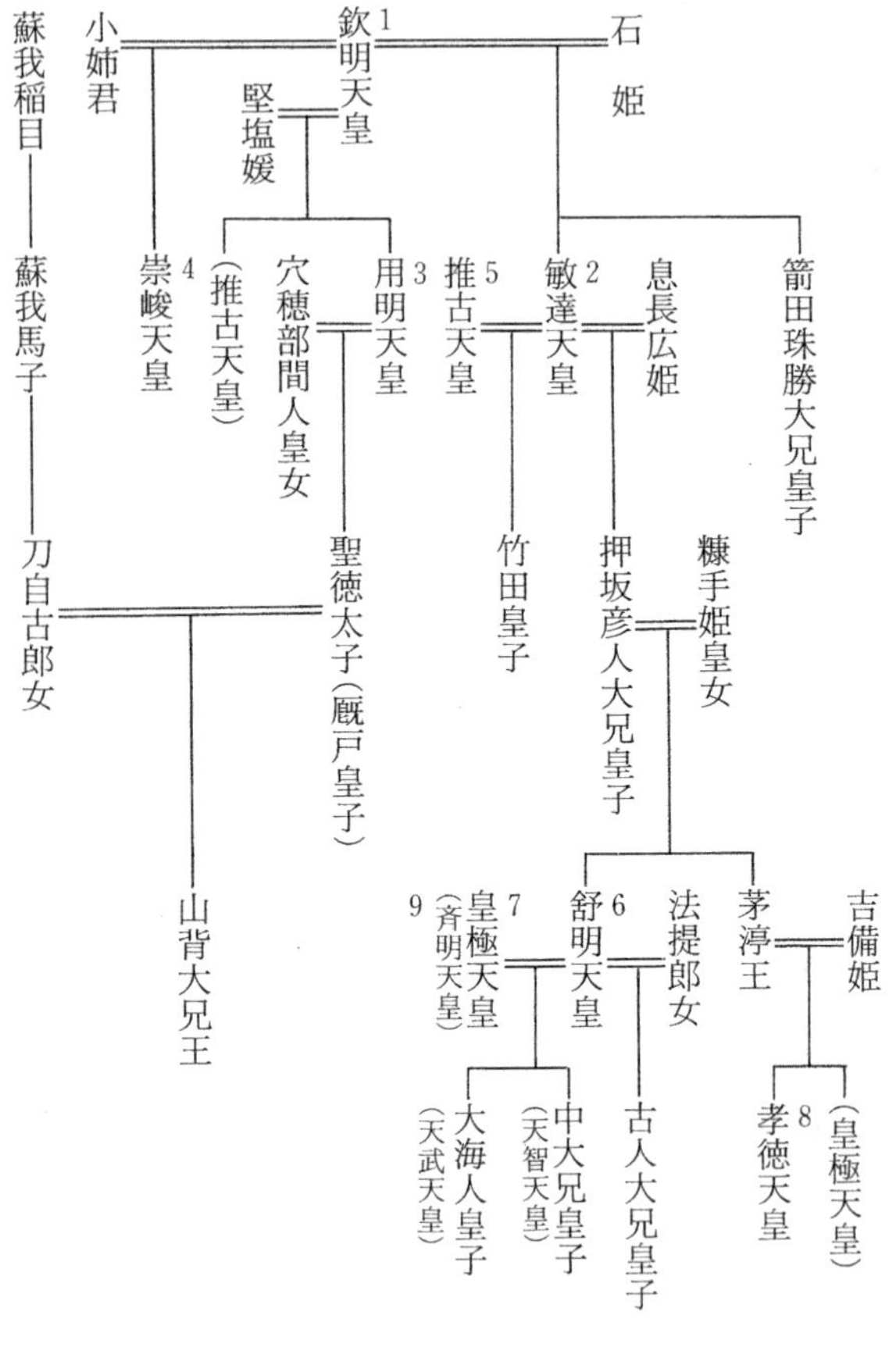

注　数字は、皇位継承の順序を示す。

皇極二年（六四三）には太子の一族が滅亡するという悲劇がおこる。そして天智九年（六七〇）には法隆寺が「一屋も余《あま》さず焼失」したと『日本書紀』は伝えている。

現存する法隆寺は、天智九年以降に再建されたとする見解が有力視されている。しかし、法隆寺が焼失したことを伝えながら再建したとする記録はみられない。それは法隆寺を再建する中心的なスポンサーが存在しなかったからかもしれない。おそらく、再建法隆寺は太子を慕うおおくの人びとの手によって復興されたとみるべきであろう。その後の法隆寺は太子信仰に支えられた寺院としてその法統を現在に伝えているのである。

ロマンと謎を秘める寺

法隆寺にはおおくのロマンと謎がある。はたして、天智九年に法隆寺が焼失したのは事実なのだろうか。焼失した法隆寺は若草伽藍《わかくさがらん》に建っていたのだろうか。どうして再建するときに若草伽藍から現在の地に寺地を移したのだろうか。もし再建されたとすれば、いつ、だれが、その再建をはじめたのだろうか。

また『日本書紀』天智九年四月三十日の条に「夜半の後に、法隆寺に災《ひつ》けり、一屋も余ることなし」と記載しているのが史実であったとすれば、推古三十一年（六二三）に造顕された金堂の釈迦三尊像《しゃかさんぞんぞう》や夢殿《ゆめどの》の救世観音像《くせかんのんぞう》はなぜ焼損しなかったのだろうか。

このように考えれば考えるほど法隆寺には謎がおおい。そして法隆寺が再建されたのか、非再建なのか、厳密にはいまだ決着がついていないのが実情である。そして現在進行している「法隆寺昭和資財帳《しざいちょう》」作りによって、新しく発見された宝物のなかには法隆寺の再建と非再建に関係する新資料がふくまれていたのである。そのような意味からも法隆寺にはまだまだ謎が秘められているといえよう。

　そこで、法隆寺を代表する謎について、その一部を紹介することとしよう。

法隆寺はいつ再建されたのか

近年、奈良国立文化財研究所でおこなわれているエックス線年輪年代学によって、現在の五重塔の心柱の最終年輪が五九一年であることが確定した。

　一般的に用材として使用する場合、伐採した木の樹皮にちかい「白太《しらた》」と呼ばれる部分は捨てられ、中央にある赤味のある堅い部分が木材として用いられている。その白太の部分の年輪は平均的にみて七〇年から八〇年分といわれており、それを心柱の用材の最終年輪である五九一年にたすと、六六〇～七〇年に伐採されたことになる。その結果、現在の五重塔は六六〇～七〇年ごろから建設の準備がはじまったこととなり、天智九年（六七〇）の焼失年代と微妙な関係が生じてくる。

　さらに金堂の方が五重搭よりはるかに様式的に古いとされており、法隆寺が本当に六七〇年に焼失したのかどうか、謎はますます深まるばかりである。

そのほかにも、太子のために推古三十一年（六二三）に造立された釈迦三尊像の台座裏《だいざうら》から発見された「辛巳《かのとみ》」（六二一年、太子はその翌年に薨去《こうきょ》）の年号や「書屋《ふみのや》」「尻官《しろのつかさ》」といった記載にはどんな意味があるのだろうか。しかもその釈迦三尊像の台座には、斑鳩《いかるがの》宮《みや》の宮殿に使用されていたらしい部材が転用されていたのである。

また、金堂の西の間に安置している阿弥陀如来像《あみだにょらいぞう》の台座裏からは、七世紀はじめの朝鮮半島から日本を訪れた使節をスケッチしたとみられる人物像が発見されるなど、法隆寺の謎とロマンは広がるばかりである。

世界最古の木造建築を伝える信仰

すでにのべたように、法隆寺は平成五年（一九九三）の十二月十一日に世界文化遺産に登録された。それによって法隆寺は日本が誇る木の文化遺産として世界的に認められたのである。そのようなことから「法隆寺を支えたものは優れた木であった」という見解が公認されたかのようにもみられる。

しかし、先にものべたようにわたしにはそのようにはおもわれない。なぜならば法隆寺はけっして七世紀を代表する最高最大の寺院ではなかったからである。

五　重　塔

金　　　　堂

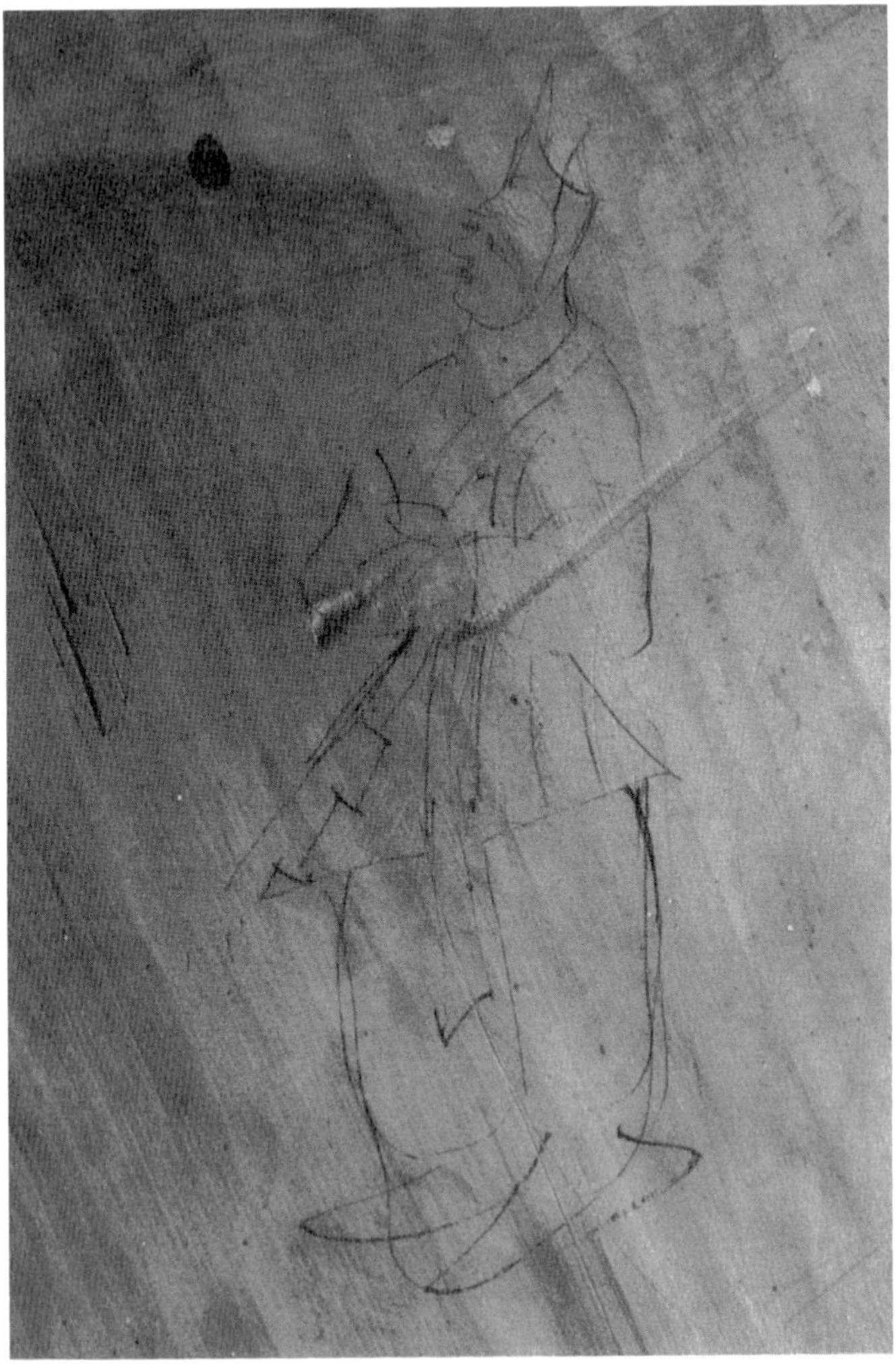

阿弥陀如来像台座裏の人物像

法隆寺が聖徳太子によって創建されたときは、その時期を代表するAクラスの寺院の一つであったかもしれない。ところが天智九年の焼失後に再興した法隆寺は、BかCクラスの寺院であったとおもわれるからである。すでに聖徳太子の一族は滅亡し、法隆寺のスポンサーとなる有力な人物の影はそこにはみられない。

おそらく法隆寺の再建は、領地からの財源やおおくの民衆の寄進によってはじまったようである。とくに法隆寺の代表的領地である播磨国の鵤《いかるがの》荘《しょう》の存在はおおきかったともおもわれる。しかし、この再建は資財不足から作業が中断することも、しばしばあったといわれている。まして法隆寺には格別に優れた木材を使用した記録もなく、また最新の技術を駆使したという痕跡もない。そのころの法隆寺には資材や技術を選択するような余裕がなかったはずである。このように再建された法隆寺には、他の寺院と比較してとくに優れた資材を使用したとする痕跡は認められないのである。

ところが、そのように資財に欠乏していた法隆寺が一四〇〇年後の今日まで法統を伝え、資財にめぐまれて造営された寺院の建物のおおくは現存していないという、まことに不思議な現象に気がつく人はきわめてすくないようである。

それはなぜなのか、きわめて不可解なことである。率直にいって寺院を支えてきたのは木や技術だけではなかったということだけはたしかである。いくら材質の良い木材を使い、優れた技能をもって寺院を造営したとしても、それだけでは千数百年間、建物を維持することはできないのである。その後の各寺院が歩んだ歴史が重要なポイントであることに注目していただきたい。とくに法隆寺には室町時代以前には専属の建築技能者はいなかったのである。修理のときには興福寺などの技能者が従事したと伝えている。

法隆寺の堂塔が存続しえたのは、三〇〇年ごとの大修理とその間におこなわれる屋根替えを中心とする小修理をコンスタントに実施できたということにつきるとおもわれる。もし、一度でも修理することができなかった場合、その建物は崩壊していたことであろう。

伽藍《がらん》の修理のために生涯を捧げた寺僧たちの努力は、並大抵でなかったことは申すまでもない。まさに法隆寺を支えてきたものは寺僧を中心としたおおくの人びとの献身的な努力そのものであった。いったい、何がそうさせたのだろうか。それはいうまでもなく篤い聖徳太子への信仰心であった。時の権力者たちも太子へ帰依し、法隆寺を保護してきた。また、大衆も太子の寺へ浄財を寄せたのである。もし、太子への信仰が深く根づいていなかったとしたら、今日のような法隆寺の姿をみることはできなかったことであろう。

それは、法隆寺へおさめられた宝物は、すべて太子へ奉納されたものと考える信仰にささえられておおくの宝物が今なお保存されていることからもしられよう。

シルクロード文化の終着点

シルクロードとは、ドイツの地理学者であったリヒトホーフェン（一九世紀）が、古より内陸アジアを横断貫通して東の中国と西の地中海域とを結んだ交通路「東西文化交流の十字路」にたいして与えた呼称である。

そのシルクロードのすぐれた文化に着目されたのが太子であった。『書紀』によると、推古十五年（六〇七）に太子は小野妹子を隋《ずい》に派遣された。そのことは『隋書』の大業三年（六〇七）の項にも記載されている。「日出《ひい》づる処《ところ》の天子、書を日没する処の天子に致す。恙《つつが》なきや云々」という書簡を小野妹子が持参したという有名な話である。太子は遣隋使を派遣することによって、隋との対等の国交を開いて、隋から仏教・政治制度・芸術などを学ぼうとしたと考えられている。

シルクロードの文化の影響を受けた具体例としては、つぎのようなものがある。

建築では、北魏《ほくぎ》時代の雲崗《うんこう》石窟と共通する金堂の人字形割束《にんじがたわりづか》・卍形高欄《こうらん》の様式があげられる。

彫刻では、北魏時代の龍門石窟と金堂釈迦三尊像や救世観音像《くせかんのんぞう》などに共通する「裾《すそ》ひろがりの二等辺三角形」「正面観賞性を重視した造形」「左右対称」の様式がある。とくに塑《そ》

五重塔塔本塑像（北面釈迦涅槃）

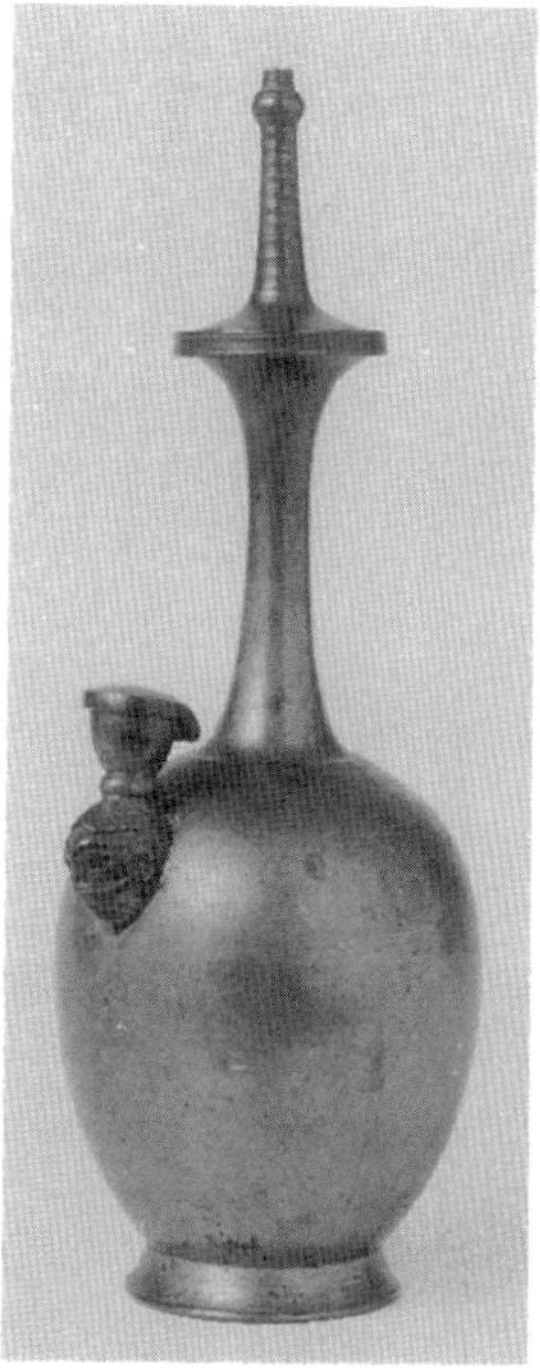

胡 面 水 瓶

夢殿救世観音像

像《ぞう》は五世紀半ばから造営されはじめた敦煌《とんこう》や麦積山《ばくせきざん》、炳霊寺《へいれい》などの石窟寺院の塑像と和銅四年（七一二）に完成した五重塔の塑像との様式におおくの共通点がみられる。

絵画では、インドのアジャンターや敦煌莫高窟《ばっこうくつ》の壁画と金堂や五重塔の壁画と様式が似ている。

染織では、シルクロードの文化そのものである獅子狩文錦《ししかりもんきん》（直径四〇センチ余りの円相のなかに、樹木をはさんで獅子を狩ろうとする翼のある馬ペガサスにまたがった騎士の姿を、左右対称に表現している。これはササン王朝ペルシャ系の銀器などにもみられるデザインである）や蜀江錦《しょっこうきん》（蜀とは現在の四川省成都付近にあった古い国の名。三世紀ころからその地で織られていた紅色の錦の伝統を受け継いだものであるといわれている。これとよく似た染品がトルファンのアスターナの遺跡からも出土している）、氈《せん》（フェルト、褥《しとね》に使われている。これは西方遊牧民族が生みだしたものであり、西域の息吹きそのものである）などが伝来している。

工芸では、透《す》かし彫り金具や龍首水瓶《りゅうじゅすいびょう》（頭のところが龍、胴のところに翼のある馬ペガサスの姿がみられる）、胡面水瓶《こめんすいびょう》（髭《ひげ》を生やした胡人とよばれるペルシャ人の男性の首を注ぎ口にあしらったもの）などが代表的なものである。

しかし、これらは西方の文物がそのままシルクロードをへて運ばれたものではない。その道すじの国々で、新しいデザインや技法が加味されながら日本に到達したものである。そのようなシルクロード文化の大きな影響をうけた法隆寺の宝物は生きた信仰の中心として礼拝の対象となったり、法会《ほうえ》などにも使われつつ現在にいたったのである。とくに、シルクロードの終着点と形容されている正倉院よりも一時代古い飛鳥・白鳳期の七世紀の遺物がおおいところに法隆寺宝物の特徴があるといえよう。

廃仏毀釈と法隆寺献納宝物

献納宝物とは

法隆寺献納宝物《けんのうほうもつ》とは、法隆寺が明治十一年（一八七八）に皇室に献納した宝物三三二件をいう。

当時の「献納目録」によると、「納袈裟《のうげさ》以下一五六件、外に塵介《じんかい》小切《こぎれ》一三櫃《ひつ》、長持《ながもち》二棹《さお》」であったと記している。その内訳は、飛鳥時代から江戸時代までの仏像・仏画・書籍・仏具・調度品・文房具・武器など各時代の優品で、とくにそのうちには聖徳太子のご遺愛の品と伝えるものをはじめ、天皇・皇后・豪族などの寄進品、橘寺など聖徳太子ゆかりの寺々から移遷した宝物が多数ふくまれている。

この献納宝物の内容は、質・量ともに正倉院御物に準ずるものであり、正倉院御物が天平時代を中心とするものであるのに対して、法隆寺の献納宝物はそれより一時代古い飛鳥・白鳳期の宝物が多数を占めているところにその特徴がある。その宝物は、法隆寺に伝来する寺宝とともに、日本上代文化史を語るうえで、不可欠の資料となっている。

　これらは当初「献納御物《ごもつ》」とよばれていたが、昭和二十四年（一九四九）に国有となったときから、「法隆寺献納宝物」と改称された。現在では昭和三十七年に竣工《しゅんこう》した東京国立博物館内の法隆寺宝物館に保管されている。

廃仏毀釈と寺の動揺

　慶応四年（一八六八）三月、祭政一致の方針にもとづいて「神仏判然令」の太政官布告が出されるや廃仏毀釈《はいぶつきしゃく》の嵐は寺院におしよせ、各寺院は大きな変革の時代に直面することとなった。法隆寺においてもまた、受難の時代であったことは明治二十八、九年ごろに、法隆寺住職千早定朝《ちはやじょうちょう》が、明治維新のときに体験した激動の様子を語った速記録「参考の演説」に記されている。

　抑《そもそ》モ我法隆寺ニ於テ今ヨリ三十六、七年前、安政・万延年中ノ頃破仏家平田篤胤《ひらたあつたね》風ノ国学《こくがく》大ニ流行ス。

　我本寺若輩ノ僧等モ之レヲ学ブ。彼ノ破仏之説ヲ深ク信シ、仏法ハ浅間敷者《あさましきもの》ト思ヒ誤マリ、甚敷《はなはだしき》ニ至リテハ、我等坊主ニナリシハ自分ノ本心ヨリ出シニ非ス。父母師匠ニ誘ハレ父母ノ進メニヨリ坊主ニ成シナリ。
　今想ヘバ国家ノ罪人。今父母ノ誤リヲ速《すみや》カニ帰俗シテ之ヲ謝罪セント。遂《つい》ニ退寺離散ス。又朝野ニモ廃寺廃仏ノ論ニ立テリ。

これによって、幕末の混乱期に国学の破仏的考えが法隆寺におしよせ、寺僧たちがおおいに動揺していた様子がうかがえる。

このような難局に直面して、千早定朝は、太子以来の法統をまもらねばとのかたい決意のもとに、法隆寺の一大改革を強く訴えたのである。

まず、明治二年、従前の封建制度を一掃して、新時代に即応した寺の規則を定めて法隆寺の新体制を整えようとした矢先の明治四年、全国社寺に領地の返上が命じられ、経済的にも大打撃をうけると同時に、幕末から目だちはじめた伽藍《がらん》の老朽化がいっそうすすみ、未曾有《みぞう》の危機に直面したのである。ちょうどそのころ、わが国固有の古美術を保護する必要性が町田久成らによって唱えられ、明治五年には、町田文部大丞ほか、内田正雄・蜷川《にながわ》式胤《しきたね》ら政府の役人によって全国の古社寺の宝物調査がおこなわれ、法隆寺の宝物も総合的な調査がなされている。この調査によってはじめて法隆寺の宝物の重要性がみとめられたといってよい。

奈良博覧会と皇室への献納

その後、明治八年、蜷川式胤の発案であるといわれる奈良博覧会が植村久道・鳥居武平ら奈良の有力な人びとの尽力によって、東大寺大仏殿を中心に開催された。その博覧会には正倉院御物をはじめ大和の社寺や個人所蔵の古美術品が出陳されおおいに盛況を呈したという。その博覧会「出陳目録」の巻頭に、

奈良博覧会出陳目録第壱号
会場陳列ノ物品ハ、大半正倉院宝庫天武天皇ヨリ孝謙天皇ニ至七朝ノ御物ニシテ、何レモ一千有余年ノ物タリ。加之《しかのみならず》法隆寺所蔵ノ聖徳太子ノ御物ヲ以テスレハ、実ニ我朝古昔物品製造ノ宏大ナルヲ徴スルニ余リアルモノナレバ云々。

とあり、この博覧会で正倉院御物についで法隆寺所蔵の宝物が重視されていたことがわかる。

翌九年にも、奈良博覧会が開かれ、そのころに法隆寺の宝物を皇室に献納しようとの議がおこったのである。

その理由としては一つに、法隆寺の衰微と建物の老朽化により太子以来の貴重な宝物の散佚《さんいつ》を憂い将来へ安全なる保管がなされることを願ったこと。二つには、献納によって賞

典下賜があればそれをもって堂塔の修理と寺門の保存にあてたいと考えたこと。三つには、献納によって法隆寺という寺の存在が中央政府において認められ、明治六年以来所轄されている真言宗から一刻も早く独立をはかりたいと考えたこと、といったことがあげられる。しかし、その真相を伝える記録はない。

この宝物献納を率先して推進したのは、法隆寺の再興にその生涯を捧げた千早定朝であり、それを積極的に支援したのが、そのころ横浜判事であった北畠治房であったと思われる。法隆寺村の出身の北畠は、天誅組《てんちゆうぐみ》の生き残りであり、法隆寺の歴史にも明るく、地元の実力者としてしられていた人物である。

千早定朝と町田久成

千早定朝は、一山の寺僧と十分協議をかさねた結果、ついに明治九年十一月「古器物献備御願」に「法隆寺御蔵物品目録」を添えて所轄の堺県知事税所篤《さいしょあつし》に提出することとなった。

古器物献備御願

御管下大和国第三大区二小区

平群郡法隆寺村

法隆寺

一当寺宝器之儀者、聖徳太子以来相伝之物品ニ付、従来寺門ニ於テ所蔵守護致シ来候処、近来院内逐次《ちくじ》衰微《すいび》仕《つかまつり》、凌方《しのぎがた》ニモ差詰リ罷在候《まかりありそうろう》折柄、右様御大切之御品柄宝蔵雨漏リ、且非常手当等モ行届兼候義、特ニ右宝器之内ニハ隋朝之物品モ有之候得者、往古ヲ考徴スル便宜備度《べんぎにそなえたく》、旁《かたがた》以テ別紙之通宝器之物品悉皆《しっかい》献備仕、若シ勤王之万分一ニモ相協ヒ候者、冥加《みょうが》至極《しごく》難有仕合奉存候。因テ此段謹而奉敬願度候条、従御県庁宜敷御執成之程、伏而奉懇願候也。

明治九年十一月

右　法隆寺住職　千早定朝

堺県令税所篤殿

右之通、今般当寺宝器献備之儀、出願可然旨一統同意随喜仕候条、此段連署ヲ以テ証状仍如件

右法隆寺塔中

賢聖院住職　森　智純

阿弥陀院住職　千早定円

弥勒院住職　千早定憲

この文書のあとに、寺内塔中の住職一一名が定朝宛てに同意の旨、連署している。

この願書を受け取った堺県知事税所篤は、翌十年一月明治天皇が大和国に行幸の際、法隆寺宝物献納の願意を上申し、法隆寺堂宇《どうう》の荒廃の現状を陳述し、献納の聴許とあわせて御下賜金によって堂宇を修理したい旨を陳情したという。

同年三月十日、内務省の岡谷繁実らが法隆寺宝物の実状などをくわしく調査し、宮内省と政府の協議のうえ、法隆寺の願意が受理されることとなった。同十一年二月十八日、宝物献納の儀が御裁下となり、その賜金として伽藍の修理と寺門の維持のために一万円が下賜されている。

献納の御裁下とともに下賜された一万円の内、八〇〇〇円で一万円の公債を購入して、その債券を堺県に保管を依頼し、その年利六〇〇円と若干の雑収入をもって法隆寺の維持費とし、賜金の残金二〇〇〇円は諸堂の修理などに充当している。

このようなすみやかな献納の経緯からみて、法隆寺から「古器物献備御願」を提出するときにはすでに、相当の内談が進んでいたことが考えられる。そのころ、博物館は現在の千代田区内幸町一丁目にあり、やがて上野公園に新館が建設されることとなっており、博物館長でもあった町田久成をはじめとする人びとが法隆寺の宝物に強い関心をもっていたことが考えられる。そのようなことから、町田久成・税所篤・蜷川式胤・北畠治房などのあいだで法隆寺宝物の献納について事前に十分な検討がなされていたようにおもわれてならない。

献納の儀が決定するや、奈良博覧会の終了後一時的に東大寺尊勝院に保管されていた献納予定の宝物は、十一年三月帝室《ていしつ》御物として、正倉院に仮納されている。同年五月にはそのうちの、法華義疏《ほっけぎしょ》、聖徳太子及び二王子像など一二件の御物が宮内省へ「御持帰品」となっている。その後、明治十四年の奈良博覧会には正倉院宝庫に仮納中の法隆寺献納御物も出陳されている。

東京帝室博物館への保管

明治十五年三月、上野公園に建設中であった帝室博物館が完成したのをまって、同年十二月、法隆寺献納御物を博物館へ移すこととなり、黒川真頼《まより》が移送を担当している。御物は正倉院から堺港まで運び、それより船で横浜に廻航し、小蒸気船で浜町河岸《はまちょうがし》に荷上げして、博物館の倉庫におさめられたという。

御物を正倉院より運びだすとき、法隆寺の唐櫃《からびつ》と正倉院のものを誤って運んだらしく、現在、正倉院宝物のなかに法隆寺のものがあり、法隆寺献納宝物のなかに正倉院の宝物が

聖徳太子及び二王子像（御物）

混じっているのは、そのような事情によるものといわれている。博物館におさめられた献納御物は、時によっては、その一部が一般の陳列観覧にも供されている。

宮内省では、献納決定当時から法隆寺御物を正倉院御物と同様にあつかうべきとの考えがあったといわれるが、具体的な動きはないまま、博物館に保管されていたという。ところが昭和四年七月、宮内省御物管理委員会委員長関屋貞三郎に対して、同委員で帝室博物館総長であった大島義脩より、法隆寺献納御物保存方の件についての上申書が提出されている。それは、

①帝室博物館、侍従職等に分散してある御物を一カ処にとりまとめられたきこと。
②右収納のため勅封蔵《ちよくふうぞう》を設けられたきこと。
③勅封蔵は、(イ)正倉院御料地内、(ロ)宮城本丸内、(ハ)東京帝室博物館に設けられたきこと。
④御物拝観が許さるるよう施設ありたきこと。
⑤御物の修理および保護を一層丁重にせられたきこと。
⑥太子御像附属の御沓《くつ》、金堂天部像附属の剣は本像と不可分のものなるをもって、法隆寺に下附せらるるよう詮議《せんぎ》ありたきこと。

といった内容であった。

この上申書からも、献納御物を正倉院御物同様に慎重にとりあつかうべきものとする意見が識者のなかでたかまっていたことがわかる。しかし、大島総長の提出したこの案件は、具体化の動きをみせることなく、太平洋戦争へ突入し、ついに昭和二十年、終戦をむかえている。そのころ法隆寺では昭和十七年ころ、五重塔を解体修理していたのである。その機会に、献納している五重塔の露盤《ろばん》（覆鉢《ふくばち》部分）を御下賜いただき、五重塔に再使用したいという希望が、法隆寺や修理事務所の関係者のあいだでたかまりつつあったという。

そこで、昭和二十一年、佐伯定胤管主は、奈良帝室博物館長藤井宇多治郎、東京帝室博物館鑑査官石田茂作らを介して、東京帝室博物館総長安倍能成に、露盤が下賜されるようご尽力いただきたいと依頼している。

宝物の国有化

それに対して、安倍総長は早速、宮内省と折衝することを約束するとともに、できることならばこの機会に、太子像の沓、四天王像の剣なども御下賜いただけるように尽力しようとの好意的な発言があったという。その結果、昭和二十二年五月二日、銅剣二振、沓、露盤の四件の御下賜が実現することとなり、つぎのような沙汰書を拝受している。

一　七曜銅剣　弐振《ふたふり》

一　沓　木製漆塗《うるしぬり》　壱足

一　露盤　　　壱口

右、このたび貴寺に現存する大体の美観尊厳を発揮せしめるため、思召をもって賜わりました。

昭和二十二年五月二日

宮内大臣　子爵　松平慶民

法隆寺住職佐伯定胤殿

この特別のご下賜の沙汰に法隆寺は喜びにわきかえったことが、寺の日記に記されている。それによると、

一　午前十時、山内大衆へ御物恩賜御沙汰書拝見せしめ了ぬ。一同感激極まり無く御品物到着の後、宝前に相備え供養法要を執行し、併せて一般に拝観せしめ度一決の事。

とあり、ご下賜に対する感激ぶりがうかがえる。

これとほぼ同じ時期に、東京帝室博物館が東京国立博物館とあらためられ、戦後の変革による皇室財産の整理に関連して、献納御物のほとんどを宮内省から東京国立博物館に移

管する内談も進められていたという。

そのような状況から国有となるまでに法隆寺が希望する御物を、この機会に下賜しようとの関係者の配慮があったようである。ついに昭和二十四年六月、皇室に保管されている聖徳太子及び二王子像、法華義疏《ほっけぎしょ》、木画箱《もくがばこ》、八臣瓢壺《はっしんのひさごのつぼ》、青磁牡丹浮文花瓶《せいじぼたんうきもんのかびん》、刀子《とうす》三口、漆皮箱《しっぴばこ》、沢瀉威鎧雛形《おもだかおどしよろいひながた》をのぞく献納御物はすべて国有となり、そのときから、法隆寺献納宝物と改称されている。

その後、昭和三十九年九月八日、永年の念願であった法隆寺献納宝物の収納施設、法隆寺宝物館が東京国立博物館内に建設され、その宝物への影響を考慮して毎週木曜日、晴天日にかぎって一般公開されている。それ以来、献納宝物の調査と修理が着々とおこなわれており、現在、法隆寺で進行している昭和資財帳調査と照合することによって、いっそう法隆寺宝物の研究が前進するものと期待されている。なお、法隆寺宝物館は現在改修中であり、平成十一年（一九九九）に完成の予定である。

法隆寺の宝物とその伝来

宝物目録

法隆寺は一四〇〇年という永い歴史の上において著しく衰退したことがない。おおいに栄えることもなかったが、また完全に衰えることもなかったという類まれなる寺院である。

無尽蔵の宝物

そのような理由から、法隆寺には各時代にわたる無尽蔵《むじんぞう》ともいえる寺宝が伝わっている。それらは、太子鑽仰《さんごう》の遺宝を中心とし薬師・地蔵などの庶民の信心の遺産や真言密教《しんごんみっきょう》・法相教学《ほっそうきょうがく》など法隆寺で展開された学問の所産によるものがおおい。

それらの寺宝のおおくが無事に現在まで伝わった主な理由としては、つぎのようなことが考えられる。

(1)聖徳太子のご遺命による学問寺としての伝統を、歴代の寺僧たちが懸命に護持したこと。
(2)寺僧たちの努力によって堂塔の修理を定期的におこなってきたこと。
(3)火災や戦乱などの被害に遭遇することがきわめて少なかったこと。
(4)破損したり、不用になった品々を捨て去ることなく保存することに努力してきたこと。
(5)法隆寺に伝わるものは、すべて太子に関連する遺宝であるとの認識のもとに、寺僧たちがその保存に生涯を捧げてきたこと。

宝物の目録

ところが、それらの宝物の数があまりにも膨大であるため、天平十九年（七四七）の『法隆寺伽藍《がらん》縁起《えんぎ》幷《ならびに》流記《るき》資財帳《しざいちょう》』（以下、『法隆寺資財帳』という）や天平宝字五年（七六二）の『仏経幷資財条』（『東院資財帳』）の編纂以来、本格的な総目録を作成したという記録はない。

しかし、金堂・綱封蔵《こうふうぞう》・舎利殿《しゃりでん》・護摩堂《ごまどう》など、とくに重要な殿堂については、それに付属する宝物の目録を作ってその管理を厳重におこなってきている。

また、中世になると法隆寺の現況や宝物の由来に関する記録書がさかんに作成されるようになった。その代表的なものとしては、つぎのようなものがある。

東院縁起　一巻　鎌倉時代
法隆寺政所《まんどころ》并法頭《ほうとう》略記　一巻　鎌倉時代
聖徳太子伝私記　顕真著　二巻　嘉禎四年（一二三八）ごろ
法隆寺別当記　三巻　南北朝時代
嘉元記　一巻　南北朝時代
法隆寺伽藍縁起白拍子　重懐著　一巻　貞治三年（一三六四）
法隆寺堂社霊験幷仏菩薩像数量等記　一冊　元禄十一年（一六九八）
法隆寺記補忘集　良訓著　三冊　享保〜元文年間（一七一六〜四一）
古今一陽集　良訓　信秀共著　二冊　延享三年（一七四六）
斑鳩古事便覧　覚賢著　一冊　天保七年（一八三六）

これらの資料は、各時代の法隆寺の動向や堂塔および宝物の状況を伝える貴重な資料となっている。しかし、それらはいずれも天平十九年の『法隆寺資財帳』のように法隆寺の全貌を伝える総目録的なものではない。

明治八年の目録

ところが、明治維新の廃仏思想がたかまるなか、法隆寺の危機をすくい、再興しなければという強い使命感をいだきながらたちあがった法隆寺住職千早定朝《ちはやじょうちょう》は、明治五年（一八七二）八月におこなわれた町田久成らによる古器物検査を契機として、寺宝の保存に懸命となり、その散佚《さんいつ》の防止につとめ、明治八年には『伽藍堂舎本尊仏像幷堂付資財等目録』を作成している。とくに、明治十二年にはその前年に三三二件の宝物を皇室に献上したあと、空白となった綱封蔵《こうふうぞう》などの宝物の補充を積極的におこなっている。

明治十二年に作成した『法隆寺宝物古器物古文書目録端書』には、宝物の伝来に関してつぎのように紹介している。

上宮聖皇、吾朝に仏教を布き、三国伝来の珍宝、三宝初起の法器、悉《ことごと》く吾寺に蔵し賜もう。当閤第一の珍蔵《ちんぞう》也。因《よ》ってここに歴代の皇帝勅封《ちょくふう》をくだし賜い、僧寺に宣旨してみだりに開閉を禁ず。当《まさ》に修補に及ぶときは、則、勅使を立てられ、これを開き賜う。後世これを改めて綱封蔵となす。（中略）

中古、勅封を廃せられしより以来、宝蔵《ほうぞう》保護の順序は寺僧中において「鍵預衆《かぎあずかりしゅう》」と称し役員四員、外に公文所《くもんじょ》と称し封衆一員、都合《つごう》五員立合を以て開閉し、殊《こと》に南封蔵に於ては寺僧一臈《いちろう》以下末伴《まつはん》に至るまで一同出頭し、開封の式厳重の規則あって、更に独断の計らい無し。是を以て千古の器物散佚是なし。今に伝来する所なり。しかるに近歳寺門大いに衰微し、随って宝蔵の保護も自然と行届き難《がた》く、是に於て斯《か》かる天下の名器も遂には損凶に到らんと恐縮の余り、去る明治十年（十一年の誤り）件の宝物古器及び旧記に至るまで余すこと無く、これを聖朝に献納す。然る処 辱《かたじけな》くも金壱万円を賜う、是に於て該恩賜金の利分を以て年々漸々に伽藍《がらん》堂宇《どうう》并《ならびに》蔵庫《ぞうこ》に至るまで、これを修補し、且《か》つ古器名画等遂次に購求し、以てこれを宝庫に蔵して兼ねて、天平の古式に倣《なら》い当寺流記資財帳を編集せんと欲するの志念あり。由って両三箇年以来、処々に散在するを徴収し、或いは買得し、又は寄主を募《つの》り云々。

この記録によって、古くから法隆寺では宝物の管理をとくに厳重におこない、その流失の防止に懸命となった結果、おおくの宝物が伝来してきたという過程と千早定朝が天平十九年の『法隆寺資財帳』に準ずる宝物の総目録を作成したいという強い志望をいだいていたことを示している。

そのような経緯のもとに、伽藍の大修理がほぼ完成した昭和五十六年から「法隆寺昭和資財帳」の編纂を開始したところ、初期の予想をはるかに上回る宝物の新発見や新知見があり、わが国の文化史上、画期的な成果をおさめることとなったのである。

伽藍（建築）の保存と修理

若草伽藍の発掘

最初の伽藍《がらん》は推古十五年（六〇七）に聖徳太子によって創建されたと伝えている。しかし『日本書紀』（以下『書紀』という）の天智九年（六七〇）の条にある「夏四月の癸卯《みずのとう》の朔《ついたち》壬申《みずのえさる》に夜半之後《あかつき》に、法隆寺に災《ひつ》けり。一屋も余ること無し。大雨《ひさめ》ふり雷《いかづち》震《な》る」の記事をめぐって、明治二十年ごろからわが国の史学界を揺がす大論争が展開された。

それを「法隆寺再建非再建論争」とよんでいる。再建論とは『書紀』の記事にしたがって創建法隆寺は焼失し、いまの伽藍はそれ以降に再建したものであるとする。非再建論は法隆寺は創建当初のままで焼失していないと主張するものである。その論争は半世紀におよぶ大論争として華々しくくりひろげられることとなる。
ところが普門院の裏にある広い敷地に、昔、若草《わかくさ》とよぶ伽藍があったとする伝承があり、そこに塔の心礎《しんそ》らしい大石があったことが『古今一陽集』に記載されている。

礎石
観音院敷地の内、坤《ひつじさる》の角《かど》に当る、藪林の傍らに一つの磐石《ばんじやく》有り。高さ三尺余、広さ一丈余り。石の面は盤の如くにして、また図の如き形を彫る。また石の廻りに尺余の方石、土中に在り。また石の際を穿《うが》つに焼けたる米、地底より出す。都《すべ》て其の石の形は塔の心柱の礎石の如し。伝記も無く古老の伝も無し。其の所謂何と謂う事かを識《しる》すもの無し。（中略）また土俗に伝えて云く、昔日には若草の伽藍と謂う有り。其の若草の辺にして、わずかに墻壁《しようへき》を隔つるなり。是らの事、縁《えにし》あるやの若《ごと》し。未だ其の拠《よりどころ》を需《もと》めずと雖も、一往茲《ここ》に顕《あら》はす。意に任せて取捨し、これを視るべし。愚《ぐ》、按ずるにその懼《おそ》れ少なからざるもの也。

その礎石が、明治初年に寺外へ持ちだされていたのを昭和十四年（一九三九）に法隆寺へ返還されることとなり、それにともなって若草の地の発掘調査がその年の十二月七日から約二週間、石田茂作・末永雅雄の両氏によっておこなわれた。その結果、金堂跡と塔跡らしい掘込基壇《ほりこみきだん》の遺構が発見され、そこに四天王寺様式の伽藍が存在したことを確認したのである。この発見と現伽藍の修理中に発見された諸資料によって「法隆寺再建非再建論争」に終止符が打たれ、再建論が有力となった。

法隆寺の復興

ところがどうしたことか天智九年（六七〇）の火災の記事以後は『書紀』から法隆寺の名が消え去っている。

『法隆寺資財帳』によれば、天武八年（六七九）には三〇年前の大化四年（六四八）に納賜された「食封《じきふ》三百戸」が停止している。そのころの紀年銘をもつ寺宝としては、つぎのようなものがある。

「黄地平絹幡銘《きじへいけんばんめい》」（昭和五十九年発見）

戊子年七月十五日記丁亥［　］名過作幡也（「戊子年」は持統二年（六八八）か）

法隆寺献納宝物中の「平絹幡銘」

㈠壬午年二月飽波《あくなみのとじ》刀自書入奉者田也（「壬午年」は天武十一年（六八二）か）

㈡八尺／壬辰年二月廿日満得尼為誓願作奉幡（「壬辰年」は持統六年（六九二）か）

天武十四年には法起寺《ほうきじ》の三重塔の建立が発願されており、斑鳩《いかるが》の里で太子崇拝の発露として寺塔の建立がおこなわれていたことを示している。また、持統七年（六九三）十月二十六日には諸国に対して仁王経《にんのうきょう》を説かせており、そのとき、天皇から法隆寺でおこなわれた仁王会《にんのうえ》の料として「銅印七面」をはじめ、「黄帳一張」「緑帳一張」「経台一足」が納賜されたことが『法隆寺資財帳』にみえる。その翌年にも天皇から法隆寺に「金光明経一部八巻」が納賜されており、同年三月十八日には鵤大寺《いかるがたいじ》（法隆寺のこと）の徳聡法師が、片岡王寺の令弁法師、飛鳥寺の弁聡法師とともに父母の報恩のために観音像をつくっている。

それらの史料を総合すると、法隆寺が天智九年に焼失したとしても、持統七年の時点ではすくなくとも法要がおこなわれるまでに金堂が完成していたと考えられ、法隆寺が復興の途上にあったこととなる。

和銅三年（七一〇）には都を平城に遷し、興福寺や大官大寺を新京に移建したことにともなって法隆寺も平城の近くにある官寺格として寺観の整備がおこなわれたらしく、翌四年には五重塔塑像群《そぞうぐん》・中門仁王像を寺家で造顕したと『法隆寺資財帳』は記している。とくに、そのころの紀年銘をもつ史料は数多くのこされている。

『法隆寺記補忘集』に記載する「同宝蔵絹幡銘」には「大窪吏阿古為親父誓願幡和銅七年十二月」とあり、『法隆寺献納宝物』の「平絹幡銘」には、「己未年十一月廿日過去尼道果（「己未年」は養老三年（七一九）か）是以児止与古誓願作幡奉」と記されている。

また、『法隆寺資財帳』に、「金堂」の存在が明記されている。

檀像壱具

　右養老三年歳次己未従唐請坐者

合舎利伍粒　請坐金堂

　右養老三年歳次己未従唐請坐者

この記録は養老三年（七一九）に、唐よりの将来品が法隆寺の金堂へおさめられたことを伝えるものであり、金堂の造営が完成していたことを意味している。また『法隆寺資財帳』には、「法分花香具　六具（養老五年に法隆寺でつくった）。仏分白銅供養具壱拾弐口、聖僧分白銅供養具壱拾弐口、秘錦灌頂壱具、漆塗机（翌六年十二月四日に元正天皇からの施入）」とあり、そのころ法隆寺自体が法具を作ったりおおくの納賜があったことがみえる。

その納賜が何のためにおこなわれたのかはあきらかでないが、前年の十二月七日に元明太上天皇が崩御《ほうぎょ》されているから、その一周忌法要が諸大寺で厳修《ごんしゅう》されるにあたって法要前の十二月四日に納賜があったとも考えられる。

またこの養老六年に食封三〇〇戸が納賜されており、天武八年（六七九）に停止された

若草伽藍の塔心礎

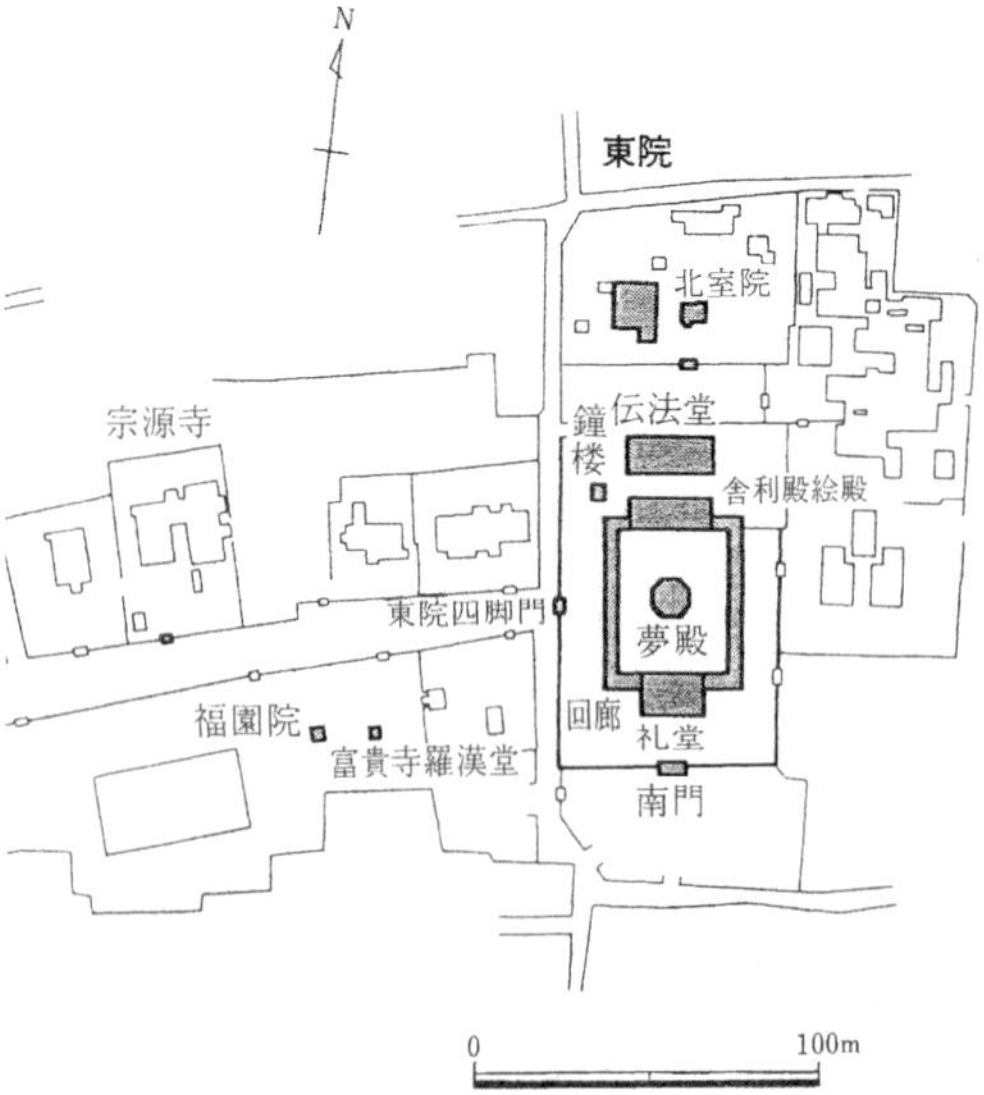

（『国史大辞典』第12巻より）

中　　　門

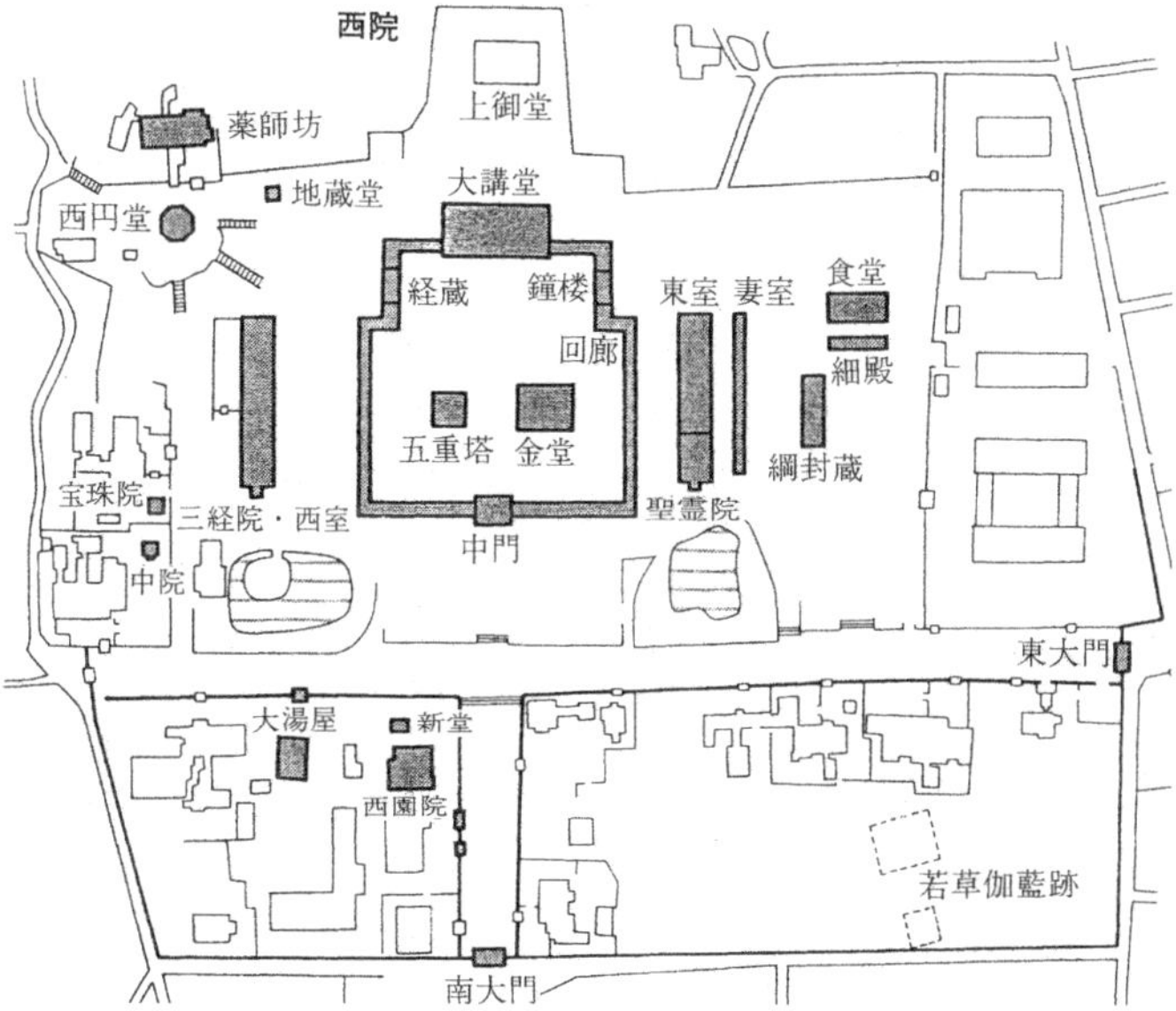

法隆寺伽藍（建物）配置図

食封《じきふ》が約四四年ぶりに復活をみている。それ以後、天平年間（七二九〜四九）には仁王会《にんのうえ》に対する納賜や、聖武天皇・光明皇后からもたびかさなる納賜があり、法隆寺は大いなる復活をみせることとなる。

このような史料によって、現在の伽藍は和銅年間（七〇八〜一五）に完成したというのが現在最も有力な説となっている。

和銅年間の法隆寺

伽藍を建てる場合には、まず中心の建物、法隆寺であれば金堂の建設に着手し、つづいて塔・中門・回廊の順に建てたであろうと推察されており、各建物の様式に若干の相違があることからもその推察が裏付けられている。また、五重塔の内部にある四面の塑像《そぞう》や中門の仁王像が『法隆寺資財帳』に記すように和銅四年（七一一）につくられたとするならば、それをもって法隆寺再建の完成とみるべきであり、それから逆算すれば金堂の着工はおそくとも天武年間（六七二〜八六）ごろということになる。ところが不可解なことに、『書紀』には火災のことを伝えながら法隆寺再興の記録はまったくみえない（『七大寺年表』『南都北郷常住家年代記』『伊呂波字類抄』などには和銅年中法隆寺をつくると記している）。おそらく当初、伽藍の復興は太子を景仰するおおくの人びとからの浄財と太子が法隆寺へ施入された播磨《はりま》の鵤《いかるがの》荘《しょう》などの大きな領地からの財源を主としておこなわれたもので、国家の直営工事でなかったために『書紀』に記録しなかったのではなかろうか。そのため、資財の不足などによってたびたび工事が中断したり（塔には工事が数十年間中断していた痕跡がある）、ながびいたりしたのであろう。

やがて太子の寺、法隆寺の再興事業が進行中であることを朝廷でも認めるようになり、養老六年に食封《じきふ》が納賜されることとなったとみるべきであろう。

再建伽藍の規模

再建された法隆寺の規模を記録するものに『法隆寺資財帳』がある。

それは天平十八年（七四六）十月十四日、官の通達によって、法隆寺の縁起とその所有する仏像、経典、鉢・鋺などの供養具、香料、薬種、机、櫃、筥《はこ》類、その他伎楽《ぎがく》面、建造物、牛馬、土地などの詳細を点検して、天平十九年二月十一日に官に報告し、天平二十年六月十七日に再調査した記録である。

この記録によれば寺地は「四方一百丈」とあり、その広さはほぼ現在の西院の境内地に相当する。現南大門から上御堂の裏までと現西大門から宝蔵殿《ほうぞうでん》東方の大垣までが、ほぼ方百丈（三〇〇メートル四方）にあたるという。

伽藍建造物としては、

門　五棟　仏門二棟　僧門三棟　　廡廊　一廻

塔　一基　　　　　　　　楼　二棟　経楼　鐘楼
堂　二棟　金堂　食堂　　僧房　四棟
灯　二楼　　　　　　　　温室　一棟

などが存在していたことがわかる。このうち現存する建物は、仏門一棟（仁王門）、僧門一棟（東大門）、塔一基、堂一棟（金堂）、回廊一廻（北回廊を除く）、経蔵（楼二棟のうち一棟）、僧房《そうぼう》一棟（東室《ひがしむろ》）である。ここには講堂・西円堂の記載はないが、講堂は食堂《じきどう》を天平十九年以降に改造したものと考えられており、西円堂も昭和十一年（一九三六）の修理のとき、凝灰岩の八角仏壇が発見され、奈良時代の末期に建立していたことがあきらかとなっている。

一山の大衆が日常に使用する付属建物類としては、

厨《くりや》　二棟
竈屋《かまどや》　一棟
政屋《まんどころや》　二棟　以上瓦葺
碓屋《うすや》　一棟
稲屋　一棟

木屋　一棟
客房　一棟　以上檜皮葺
倉七棟　瓦葺四棟（双倉二棟　土倉一棟　甲倉一棟）
　　草葺三棟

とあり、そのうち現存する建物は、政屋一棟（食堂）、双倉《ならびくら》一棟（綱封蔵）である。

行信と東院の創立　一方、皇極天皇二年（六四三）の上宮王家《じょうぐうおうけ》滅亡にともない、斑鳩《いかるがの》宮《みや》は焼失しておおいに荒廃し天平のころまでに廃墟となっていたという。『東院縁起』によればその故宮がむなしく荒れるのを悲しんだ行信《ぎょうしん》が、春宮坊《とうぐうぼう》阿倍《あべの》内親王《ないしんのう》（のちの孝謙天皇）に奏上して天平十一年（七三九）四月十日、藤原房前をして、その地に東院《とういん》を創立し、中央にある八角円堂には太子在世当時につくったという太子等身の救世観音像《くせかんのんぞう》を安置したと伝えている。東院は古くから上宮王院とよばれてきたが、奈良時代後半の平瓦に「東院」の刻印をもつものがあるところから東院の名称を用いるのがよいと考えられる。

造立当時の東院の規模については、『東院資財帳』に、つぎのような記載がある。

院地壱区　　東西各四十七丈　南北各五十二丈

瓦葺八角仏殿壱基　間別一丈六尺五寸　在露盤（夢殿）
檜皮葺廡廊壱廻　東西各十四丈北十三丈四尺　南六丈四尺（回廊）
檜皮葺門弐間　一長七丈　広二丈一尺（南門）　一長三丈　広一丈五尺（礼堂）
檜皮葺屋参間　一長七丈　広二丈（舎利殿絵殿か）　二香木長各三丈
瓦葺講堂壱間　長八丈四尺　広三丈六尺　奉納橘夫人宅（伝法堂）
瓦葺僧房弐間　長各五丈　今院家新造

その記載の規模は現東院伽藍の規模と大差はない。
また、近年の研究によって、東院創建の瓦は平城京や法華寺の前身建物と同笵であることが明らかとなっており、阿部内親王の庇護のもと国家的造寺として東院の建立がおこなわれたことを示している。

天平年間におこなわれた東院建立にひきつづいて、西円堂や上御堂の建立もあり、延暦十三年（七九四）十月、都が平安に遷都したころは、法隆寺が最も充実していた時代といえよう。

平安遷都の後も、旧都の大寺として朝廷の厚い保護を受けおおきな変動はなかった。

綱　封　蔵

夢　　殿

道詮の東院修理

『類聚三代格』や『七大寺年表』によれば延暦十七年（七九八）六月、十大寺を官寺となし僧綱《そうごう》ならびに十大寺三綱法花寺鎮寺の従僧を定められ、そのときに法隆寺も大安・元興・弘福《ぐふく》・薬師・四天王・興福・東大・西大・崇福《すうふく》の九寺とともに十大寺の一つにつらなっている。とくに承和年中（八三四〜四八）別当職《べっとうしき》がおかれ、寺僧の延鳳《えんぽう》が初代別当に補任《ぶにん》したことが『別当記』によって知られる。

ちょうどそのころ学徳の誉れ高い寺僧道詮《どうせん》の活躍には著しいものがある。その名声は嘉祥三年（八五〇）天皇に御受戒の請定があったのをはじめ、天安元年（八五七）六月には、道詮が座主《ざす》となって天皇の御前で論議をおこなったことなどが『続日本後紀』『三会定一記』『日本文徳天皇実録』などによってしられる。

とくに道詮は太子の遺徳を奉讃し、天平年間に建立した東院が一世紀をへて荒廃しつつあるさまをみて、その再興を決意し、貞観元年（八五九）九月十九日、東院の修理のことを藤原良房に奏し、やがて勅許を得て修理に着手している。

しかし、昭和九年（一九三四）からはじまった昭和大修理中の調査の結果、夢殿《ゆめどの》と講堂《こうどう》（伝法堂のこと）については、貞観の修理時にどの箇所を修理したのかは判明していない。宝蔵《ほうぞう》（舎利殿絵殿のこと）については、掘立柱《ほったてばしら》の根を切って、礎石《そせき》を用いたことがわかっており、おそらく創建当初は掘立柱であった、宝蔵・回廊・中門の修理が中心であったと考えられている。また、礎石建ちということは通常、瓦葺を示すことから、創建時に檜皮葺であった建物がこのころほとんど瓦葺に改められたものと考えられる。

延長の火災と復興

再建後の法隆寺はしばらく大きな災害に遭遇することはなかったが、延長三年（九二五）に至って講堂・北室《きたむろ》・鐘楼が焼失する惨事に見舞われたと『太子伝私記』『法隆寺縁起白拍子』などは伝えている。

これにつづいて、天元五年（九八二）五月二十一日の夜半に金堂の壁が切り破られ西の間に安置してあった仏像五体が盗難に遭い、永祚元年（九八九）八月には暴風のため上御堂が顚倒《てんとう》し、永承五年（一〇五〇）には西円堂が倒れている。

これらの復興事業はまず講堂から着手され、火災から六五年後の正暦元年（九九〇）に完成している。この完成年時について『太子伝私記』は正暦二年のこととし京都深草の普明寺から堂を移建し、その位置を元の場所から北方に離れた北室跡に変えたと伝えている。

しかし、昭和十年（一九三五）からはじまった講堂の解体修理の調査によって他の寺からの移建した痕跡は認められなかった。現在地に現講堂とほぼ同じ大きさの堂が存在したことがあきらかとなり、凝灰岩の旧基壇も発見されている。また、現講堂の本尊薬師三尊や四天王の諸像も、この再建時の造顕とみられている。この講堂の再興時には鐘楼《しょうろう》も再建されている。なお『太子伝私記』に記載する普明寺の堂の移建が史実とすれば、それは講堂ではなく十世紀前半の様式をもつ釈迦三尊像を本尊とする上御堂ではないかとする意見もあるが、それを決定づけるまでにはいたっていない。

このように講堂は再建されたものの、上御堂・西円堂・西室が再建されるのは鎌倉時代までまたねばならない。おそらく、法隆寺の経済力の衰えと朝廷の庇護がうすれつつあったことにその要因があるものと考えられる。

平安後期の伽藍修理

このような衰退期にあっても寺僧たちの努力によって、寺観の整備と伽藍の修理に懸命となったことは特記せねばならない。

まず伽藍の修理は、十世紀の後半から十一世紀の初めにかけて金堂・五重塔・鐘楼・夢殿などの修理がおこなわれ、ひきつづいて寺地の整備を実施している。『別当記』によれば、長元四年（一〇三一）六月に南大門を造立したとあるが、これは現在地に移築したものと考えられている。

それまでの南大門は中門前から十数メートル南にある石壇のうえに建てられていたとみられている。『太子伝私記』に、つぎのような記載がある。

次に四面の大垣の墒地《ついじ》、西東三丁、北南二丁なり。当時の東西門の北の脇の墒地は昔の南の大垣、幷に南大門なり。今は昔を新めて南大門幷に大垣等を南に寄せて、北南二丁七段切許《ばか》りと成る。東西門共に三間なり。

この記録からも南大門と築地《ついじ》を現在地に移したことがわかる。それにともない、長元八年（一〇三五）から長暦二年（一〇三八）のあいだに西大門を造立したことが『別当記』にみえる。また現在、東大門は西院伽藍と東院の中間地点に東面して建っているが、おそらくこの時期に現在地に移建されたものと考えられている。それは現東大門の解体修理のときに、建立当初は南に面して建っていたことが、その木材の番付からあきらかとなっているからである。

このような寺地の整備は、平安時代ごろから子院の坊舎が境内に建てられはじめたことと、東院が法隆寺に吸収されつつあったため東大門を現在地に移建することによって、東院と法隆寺を結びつけるねらいがあったのではないだろうか。

太子の四百回忌にあたる治安二年（一〇二二）ごろから太子信仰は著しいたかまりをみせた。治暦五年（一〇六九）には太子の一代記を示す絵伝や太子の童子形像の造顕があり、太子の供養会（聖霊会《しょうりょうえ》）もたびたびおこなわれている。

承暦二年（一〇七八）十月八日には、太子の生誕地と伝える橘寺《たちばなでら》が荒廃したため、小金銅仏四九体が金堂内に移納されている。このころから、金堂はそれまでの閉鎖的な堂からしだいに開かれた堂となったことは注目しなければならない。このことは同じ年に吉《きち》祥《じょう》・多聞《たもん》両天部像の造顕があり、それを本尊とする吉祥悔過《きちじょうけか》の法要を講堂から金堂に移しておこなっていることからもしられよう。その後の『別当記』にも、たびたび金堂の記事が記されるようになる。

また、太子の五百年忌にあたる保安三年（一一二二）を意識して、聖徳太子像をまつる聖霊院の造立、勝賢・林幸による一切経《いっさいきょう》写経の発願（永久二年・保安三年）、三経院の造立（大治元年）など、太子鑽仰の高揚をはかるための大事業が相次いで実現している。

鎌倉時代の飛躍

鎌倉時代は南都仏教界が著しい復興をとげるにともない、法隆寺もめざましい復活をみせている。そのような状況のなかで、堂塔の修理も積極的におこなわれている。

まず、太子鑽仰のメッカともいうべき東院の修理に着手した。舎利殿《しゃりでん》は承久元年（一二一九）修造、夢殿は寛喜二年（一二三〇）修理、中門は寛喜三年に礼堂に改造された。回廊は嘉禎二年（一二三六）ごろに修理している。これとほぼ同時期に東院の鐘楼や四脚門の造立があり、この時期に現在われわれがみる東院の景観が整ったと考えられる。

それと並行して西院伽藍の修理も始まった。まず建長二年（一二五〇）に西円堂、文保二年（一三一八）に上御堂が再建され、寛喜三年（一二三一）に西室と西大門、寛元四年（一二四六）に東室、建長元年（一二四九）に南大門などをはじめとする諸堂の大修理をおこなっている。また、三経院が文永五年（一二六八）、聖霊院《しょうりょういん》が弘安七年（一二八四）に再造されたことは法隆寺が太子信仰に生きる寺として再生したことを意味するものであろう。

ことに弘長元年（一二六一）九月四日、後嵯峨太上天皇が法隆寺に行幸されるにあたり、南大門前の左右に松が植えられ、南大門西築地、西室前西築地、その他諸坊諸院の築地が築造され、ほぼ現在の寺観がととのったというべきであろう。

一方、そのころ太子鑽仰の高揚につとめた寺僧顕真は、太子の伝記や法隆寺に関する諸記録の集大成ともいうべき『聖徳太子伝私記 亦名《またのな》古今目録抄』二巻を著わした。この記録によってそのころの伽藍の様子や仏像・宝物の安置状況があきらかとなり、現在も法隆寺研究にとって不可欠の史料となっている。

吉祥天像

東 院 鐘 楼

舎利殿絵殿（宝蔵）

聖　霊　院

鎌倉時代の復興につづいて法隆寺の充実期をむかえ、諸堂の小修理をはじめ、仏像・仏具の新調が相次いでおこなわれている。

法隆寺の充実期

その最も顕著な例として、上御堂《かみのみどう》の四天王像を新造したことがあげられよう。とくにこの像の造立の目的は、寺領支配の歴史の上からもきわめて重要な意味をもつものであった。それは、法隆寺の経済の源ともいうべき鵤荘の寺領が下司の不始末により建長年間（一二五〇年ごろ）に幕府に没収されたため、その返還をもとめて訴訟したが、それが聞きとどけられず、寺僧たちはそのためおおいに苦慮したという。この訴訟は七年余りにおよび、寺僧湛舜《たんしゅん》が鎌倉に下向して奔走した結果、嘉暦四年（一三二九）ついに法隆寺の主張が認められ、永年の悲願が実現したのである。四天王像はこの勝訴を祈って発願されたものであり、観応二年（一三五一）に至って完成し、上御堂へ安置された。この像にはそうした寺の苦悩と寺僧の切なる願いが込められているといえよう。

このような訴訟にあたっては中世のころから、興福寺の春日神木動座や延暦寺の日吉《ひえ》神社神輿《みこし》の担《かつ》ぎ出《だ》しの例にならって、法隆寺でも「聖霊院御影御京上り」「太子拳内舎利東下」などの強引な訴えの手段がしばしばとられている。

乾元二年（一三〇三）には鵤荘の下司の非法を六波羅探題《ろくはらたんだい》に訴えているが、その訴訟促進をはかるため、聖霊院の太子像を京へ奉進している。そのころおおくの人びとから崇拝されていた太子のご威光を借りて判決を急がせたいというねらいがあったものと考えられる。その際、上洛しようとした寺僧が興福寺の衆徒に協力を求めた牒《ちょう》の案文《あんもん》が残っている。貞治四年（一三六五）にも、足利幕府が鵤荘の預所《あずかりどころ》に対して押領しないよう警告した文書があり、法隆寺の生命ともいうべき鵤荘がたびたび押領される危機に遭遇していたことを物語っている。

また、平安末期から、子院の造立が相次ぎ、この期にそのピークをむかえている。この期に新造された子院関係のものとしては、応安五年（一三七二）に閼伽井坊《あかいぼう》の持仏堂の本尊地蔵菩薩像の造顕、永享六年（一四三四）、南大門坊（地蔵院のこと）の上棟、同九年（一四三七）、蓮光院持仏堂の修造、長禄三年（一四五九）、安養院の本尊五髻文殊騎獅像《ごけいもんじゅきしぞう》の造顕、寛正三年（一四六二）、政倉院侍仏堂の上棟、永正九年（一五一二）、政南院持仏堂の上棟、享禄三年（一五三〇）、中東住院持仏堂の造立などがある。この他にもその時代につくられた仏像・仏具などのおおくが現存していることからも子院の隆盛ぶりがしのばれよう。

そのころ存在した子院数が四五カ院にのぼることは、享禄四年（一五三一）の『坊別弁寺僧別納帳』によってしることができる。

政蔵院　宝光院　安養院　瓦坊　金剛院　地蔵院　西園院　西南院　中院　閼伽井坊
椿蔵院　花園院　西之院　知足坊　脇坊　弥勒院　多聞院　金光院　普門院　湯屋坊
松立院　明王院　宝蔵院　宝性院　西坊　北院　仏餉院　政南院　東倉院　発志院
阿弥陀院　中道院　橘坊　福園院　蓮池院　法花院　善住院　西東住院　中東住院
東住院　蓮光院　文殊院　十宝院　賢聖院　橋坊

学侶衆の活動

この子院以外にも、昔ながらの、東室や西室の僧房に住する僧侶もあり、そのころの寺僧の数は一二四人であったと記録されている。

そのころの寺僧たちは二つの大きなグループに分かれていた。その一つを「学侶衆《がくりょしゅう》」と称し、仏教の学問を専門におこなう僧侶のことを意味する。もう一つを「堂方衆《どうぼうしゅう》」と称し、行法を修し、戒律をまもることを専門とする僧侶のことをいう。

堂方のうち、行法を修する僧侶を「行人《ぎょうにん》」とよび、戒律をまもる僧侶を「律学衆《りつがくしゅう》」と称している。はじめはこの学侶と堂方の二つのグループはたがいにその任務を遂行することに専念し、両者はともにその職務にしたがい相共存して法隆寺の護持とその発展につとめている。ところが、封建的な思想が法隆寺の運営面に浸透するにしたがい、学侶が主導権を握り、堂方を圧倒する傾向をみせることとなる。

やがて両者が居住する子院の建築様式をはじめ、法要《ほうよう》での役割、知行の配分などにもその差が歴然とし、学侶の子院を学侶坊、堂方の子院を堂方坊（堂衆坊）とよぶこととなる。そのような相違からしだいに堂方の地位が低下することによって、堂方の不満はつのるばかりとなり、ついに両者は決定的に対立して、たびたび険悪な状況をむかえている。

その結果、永享七年（一四三五）一月十一日、両者の衝突によって、南大門を焼失するという法隆寺にとってまことに不幸な大惨事をひきおこしている。この事件がおこってからはいっそう学侶が優位となり、やがて封建制度の確立が進むにつれて制度化することとなる。

このような背景のもとに学侶が活発な動きをみせはじめ、十一世紀ころから、主として興福寺の僧が兼任していた別当職はしだいに形骸化し、法隆寺の実権は学侶たちが掌握することとなる。そのころ学侶・堂方の内訳は、学侶が四二名、堂方が八二名であったという。永享十一年（一四三九）には、同七年に焼失した南大門を学侶の総力を結集して再興したのをはじめ、舎利信仰や薬師信仰など庶民信仰の興隆をはかって法隆寺の発展をめざそうとする努力がはらわれていることに注目しなければならない。

なお、この期に造営された建物としては、先にのべた子院関係の建物のほか、永享十一年の南大門の再建をはじめ、長禄三年（一四五九）の東院南門、宝徳二年（一四五〇）の大湯屋《おおゆや》、明応三年（一四九四）の北室院《きたむろいん》本堂などがあり、絵殿《えでん》・舎利殿《しゃりでん》・鐘楼《しょうろう》・経蔵《きょうぞう》・西室《にしむろ》・綱封蔵《こうふうぞう》・講堂・金堂・塔・東室・西円堂をはじめとする、ほぼ伽藍全域に対して修理を施している。

とくにこの期の修理は主として堂の内部改造や屋根替が中心で、瓦大工の橘国重・ユウアミ・寿王三郎・橘吉重らがおおくの瓦に箆書《へらがき》をのこしており、それによって、法隆寺にのこる公式の記録以外の秘められた一面をしることができる貴重な資料を提供している。この箆書とともにおおくの棟札《むなふだ》がのこされているのも、この期の特徴といえよう。

信長と法隆寺

戦国時代における法隆寺の姿勢を示すものに、武家との交流を伝える文書がある。その内容の大半は、寺領鵤荘の安堵《あんど》を要請し段銭《たんせん》課役《かやく》の免除に関するもので、そのころの寺領の地子の総額は一〇万石であったことが、文明十六年（一四八四）と天文十七年（一五四八）の文書に記されている。

ところが、天正八年（一五八〇）十月、織田信長に差し出した「差出一紙目録」によれば、一二〇〇石余に減少している。とくに信長は永禄十一年（一五六八）、天正二年（一五七四）、天正七年と、法隆寺に対して同様の禁制《きんぜい》を与え、境内での陣取《じんとり》寄宿《きしゆく》や矢銭《やせん》、兵粮《ひようろう》米《まい》を課すことを禁ずる三カ条からなる掟《おきて》を下している。

掟　和州法隆寺

一、陣取并寄宿等、不可有之。付、不可伐採竹木事。
一、矢銭・兵糧米并雖当座之取替、不可懸之事。
一、諸給人入地・入被官等、如先規不可有異儀。付、堂衆之儀、是又可為如先規事。
右条々、定置訖。若於違犯之輩者、可処厳科者也。

天正二年正月日　　信長（朱印）

しかし信長自身は、永禄十一年に矢銭、銀子一五〇枚を課しているのである。それに対して法隆寺では、信長に恭順の意を示し、金子・銀子・小袖などを送り、法隆寺の安全の保障を願いでていたことが文書からうかがえる。しかもさいわいなことに、聖徳太子はかつて物部守屋《もののべのもりや》との戦いで勝利をおさめたことから、武将たちのあいだで太子を戦勝の神として崇める習わしが中世のころから生まれていたのである。

そのことから、とくに法隆寺は太子開基の霊場として神聖化し侵すべからざるものとの考えからか、あるいは法隆寺の従順なる態度をみて好感をいだいたのか、法隆寺に対しては好意をもって接している。それを示すものとして、法隆寺から信長への送り物に対する信長の礼状も数多くのこっている。

そのころ法隆寺では従前からの学侶・堂方の対立が再燃化し、学侶を西寺、堂方を東寺と称してその権力を争い、それぞれ信長に対して使者を送り、おのおの申し分を聞きとどけられるよう願いでている。それに対して信長は、西寺・東寺各別に掟を与えており、ついに天正二年（一五七四）、信長は西寺・東寺を区分することを決定するにいたった。

当寺事、従先々西東諸色雖為混合、於自今以後者可為各別。次東之寺領所々散在等、永代不可有相違。然而為西寺段銭以下恣令取沙汰之儀、堅可停止。猶以令違乱者、可加成敗也。仍状如件。

天正二　十一月十日　　　　信長（朱印）

法隆寺東寺惣中

秀吉と法隆寺

ところが天正十年（一五八二）、本能寺の変により信長の定めた掟も効力のないものとなり、その影響もあって同年七月二十三日、学侶と堂方の和議が成立して五カ条を議定し、その誓紙を太子の宝前に捧げている。その後、豊臣秀吉の世となるや、すかさず秀吉に敬意を表し、寺の安全を願いでて恭順の意を表している。それは、天正十三年（一五八五）閏八月二十三日の「法隆寺指出高控書」によってもあきらかである。

秀吉が関白に就任したのは天正十三年七月十一日のことで、法隆寺は秀吉が越中の佐々成政攻めを終えて京都に凱旋した、閏八月二十三日に二六七五石六斗七升の米を祝儀として送っている。これ一つをとってみても、法隆寺は時の政情に対してきわめて敏速に行動していたことがわかる。

法隆寺ではそれ以外にも、高価であった緞子《どんす》や青銅二〇〇足を秀吉に送っており、法隆寺の安全を願う寺僧たちの苦悩をしめしている。また天正十三年の秋、豊臣秀長の大和入国にともない諸寺の寺領も減額され、法隆寺も一〇〇〇石となったことが、天正十四年の「収納米支配帳」に記されている。

法隆寺は古くから播磨国・近江国・和泉国・山城国・大和国などに領地を有していたことが『法隆寺資財帳』などによってしられている。ところが、平安時代ごろから、法隆寺の寺領は著しく減少しかろうじて播磨国の五千百余石を領していたと伝えている。

とくに、天正十三年ごろ天下をほぼ制覇した秀吉によって播磨国や和泉の珍南荘などの領地が改易《かいえき》され、その後、あらためて文禄四年に大和国の広瀬郡（現在の広陵町安部）を検地したうえで一〇〇〇石を太閤秀吉から法隆寺へ与えられている。

寺領方目録
一、九百参拾六石三斗六升　和州ひろせ郡あへ
一、六石六斗四升　同　池尻内
一、参拾五石弐斗三升　同　大かいとの内
一、弐拾弐石　同　あかへの内
合千石
右、今度以検地之上、改之令寄附訖。全可寺納候也。
法隆寺
文禄四年九月廿一日（朱印）

この知行一〇〇〇石は徳川幕府の時代にも安堵され、幕末まで法隆寺の大切な財源となっていたのである。

慶長修理の状況

慶長三年（一五九八）秀吉が死去してからは徳川家康が台頭することとなり、法隆寺の近在に住していた御大工中井正清をはじめ寺僧実秀

録」にみえる。

が家康との親交浅からぬものがあり、たびたび駿府城に登城していたことが「駿府政事

とくに家康のすすめもあって、豊臣秀頼が亡父秀吉の菩提《ぼだい》を弔《とむら》うため、畿内一円の社寺の修理を発願し、法隆寺もその一環として修理が施されることとなった。慶長五年から同年十一年にかけて、聖霊院・講堂・金堂・五重塔・西院回廊・上御堂・東院礼堂・東院回廊・大湯屋・舎利殿・西室・綱封蔵・南大門・三経院など、修理がほぼ伽藍全域におよんでいる。

それは、鎌倉時代の修理から三〇〇〜四〇〇年をへて老朽化した建物の大規模な修理であった。その修理には、片桐且元《かたぎりかつもと》が奉行となり、中井大和守をはじめとする法隆寺と深い関わりを持つ人びとが参画している。

また、この修理のことを示す棟札・瓦銘、使用木材の墨書銘など多数の資料がのこされている。とくに大講堂大棟使用の鳥衾《とりぶすま》の銘に、つぎのような刻銘がある。それは、

一　御太子たうなる

一　三きやういんなるついかきなる

一　くわいらう西方なる

一　くわいらうの東方
一　つまむろなる
一　そうじやなる
一　東のくわいらうの東
一　中宮寺殿なる
慶長五年之御奉行ました衛門殿
同　　御奉行かたきり一之かミ殿
ひでより（欠）
同　　一東むろなる
　　一三ほういんなる
　　一同まわりのついし
同八年ニかうたうなる御奉行同
　　新右門四十七才子
瓦大工　西京　利介
　　甚三郎　久七

とあり、これは慶長修理の状況をしめす貴重な史料となっている。

この修理のころから、ますます徳川家の勢力が強大になりつつあったが、慶長十九年（一六一四）十月、豊臣秀頼も法隆寺に対して軍勢の狼藉《ろうぜき》・放火・陣取りなど五項目を禁じた制札《せいさつ》を与えている。一方、その一ヵ月後の十一月十六日、家康は大坂冬の陣におもむく途上、法隆寺に立ちより、阿弥陀院に止宿している。それは太子に戦勝を祈願するためであったと伝えているが、その真相は定かでない。

その後、大坂夏の陣によって豊臣家は敗れ、徳川幕府の政権のもとに封建制度が確立され、法隆寺もその影響のもと、寺内の諸制度がきわめて封建的な方向へと進むこととなる。

徳川政権下の法隆寺

そのころには興福寺僧による別当職補任も自然廃止されたかたちとなり、学侶の首座の寺僧が一臈寺務職に就任することとなった。学侶・堂方の資格についても、学侶は公家または五代相続の武家の子息を種姓吟味のうえ決定し、堂方は種姓吟味の必要なしとするきわめて封建的な制度が施行されることとなる。

このような風潮のなかで、つぎのような寺僧の役職が定められている。

一臈寺務職　法隆寺の代表者のこと
年会伍師　対外的な公務と一山の寺務を担当

修理奉行　伽藍の修理を担当
納所奉行　寺領の支配と知行の配分を担当
公文所　寺僧の官位の任命を担当
沙汰衆　寺務に関する事項を寺僧などに通知することを担当
学頭職　勧学院に住し、学問の振興を図る

以上のような役務の組織のもとに、法隆寺の運営がおこなわれていたのである。

一方、慶長の大修理の後はしばらくは堂塔の修理の必要もなく、若干の子院関係の建物の造営のみがおこなわれたことが棟札銘によってあきらかである。とくにこの期を代表する出来事としては、元和八年（一六二二）に金光院と律学院が焼失し、堂方の記録書の多数を焼失したことであった。堂方たちはすぐさま、その再興に着手しようとしたことが、同年八月に記された「太子堂再興勧進状《かんじんじょう》」によってもわかる。

これ以外にも、貞享元年（一六八四）十一月五日に西大門が焼失する惨事があり、けっして安穏な時代ではなかった。

ところが、慶長の大修理から約一世紀をへてふたたび伽藍の修理が必要となり、慶長十九年（一六一四）に家康が止宿した由緒を旗印に、徳川幕府と将軍の生母桂昌院に援助の下付を願いでておおくの寄進を得ている。これが元禄七年に江戸本所回向院《えこういん》でおこなわれた出開帳《でがいちょう》である。この出開帳によって四二四六両の浄財が集っている。また、それにひきつづいて京都・大坂でも出開帳をおこない、それによって得た浄財によって、元禄五年（一六九二）ごろから宝永四年（一七〇七）におよぶ大修理がおこなわれた。

この修理に際して、覚勝・覚賢・懐賢をはじめとする寺僧の活躍はめざましいものがあり、その資金を得るために奔走している。この時の修復は建物のみにとどまらず、仏像・仏画・法具をはじめとするおおくの寺宝にまでおよんでいる。さいわい、建物の修理に関しては「普請方諸払帳」「勘定帳」をはじめとする諸記録が現存し、その内容があきらかである。

元禄修理の規模は昭和大修理のときにも確認されており、主として現状維持の修理につとめたもので、部材の取替えや柱のゆがみの是正などが中心であった。この伽藍修理の完成にひきつづいて、子院の修理や新造が享保年間（一七一六〜三六）におよんでおこなわれている。とくに、現存する子院の表門、築地《ついじ》はこの期のものが最もおおい。

そのようななかで享保十二年（一七二七）一月十八日の夜、勧学院より出火し、建物とともにおおくの書物も焼けたことが『年会日次記』などに記されている。その書物のなかに法隆寺の記録類がふくまれていたとする確証はないが、年会伍師が記した『年会日次記』などの記録のうち元禄四年（一六九一）以前のものが伝来していないことから、勧学院火災のときに焼失したのではないかと考えられている。さいわい『古今一陽集』や『良訓補忘集』をはじめ各種の墨書銘などによって、その欠を補うことができる。

しかし、寛政九年（一七九七）には従前の学侶中心の制度も大きくゆらぎ、学侶・堂方の制度の大改正があった。それにくわえて、徳川政権も末期症状をみせはじめた安政年間（一八五四〜六〇）ごろからは、寺僧たちの間に国学が浸透し、破仏を唱えて退寺するものもでている。

神仏分離令と千早定朝

このように、法隆寺の状況はきわめて不安定なものとなり、伽藍もふたたび修理を必要とする時期に直面しつつあったものの十分なる補修がなされないまま老朽化の一途をたどり、慶応四年（一八六八）の神仏分離令によって決定的な打撃を受けることとなる。それを受けて、法隆寺でも退寺したり隠居する寺僧も増えた。また、南大門左右の築地をとりこわすことが役所で真剣に検討されたり、近在の農民が回廊に牛馬をつなぐなど、想像を絶するまでの衰退ぶりであった。

このような変革期に即応するため、徳川政権下において制度化した学侶・堂方を中心とする諸制度を全廃し、新時代に応じた新制度を施行している。それはすべての旧弊を一掃し、従前の法臈《ほうろう》や階級をとわず有徳賢才を抜擢して、この難局にあたることであった。その結果、一山の推挙によって法隆寺住職に就任した千早定朝は、太政官布告による寺領の全廃、境内地の上地、大宗派への併合など相次ぐ難関に直面し、法隆寺史上かつて経験したことがない不安定な最悪の事態をむかえ、その処理に困窮することとなる。

このような難局から一刻も早く立ちなおるべく、千早定朝はその優れたリーダーシップを発揮して一山の団結をはかり、法隆寺の復興につとめ、明治十一年（一八七八）の宝物献納、同十五年の法相宗《ほっそうしゅう》への独立をはたし、法隆寺を信仰と学問の振興によって復興することに懸命となっている。

維新の変動期も一応の落ち着きをとりもどしたころから、ようやくわが国の優れた古文化に注目しはじめた。古社寺の宝物を集めた展覧会を開催したり、政府機関による宝物調査がたびたびおこなわれたのは前述のとおりである。

このような宝物調査や『書紀』の天智九年法隆寺焼失の記事をめぐって、法隆寺再建非再建論争が華々しく展開されたことによって、法隆寺の存在価値が広く人びとのしるところとなり、それがまた法隆寺復興の大きな足掛かりとなっている。また、献納宝物にともなう賜金一万円の下賜は、法隆寺を復興へと大きく前進させるための基本金となった。とくに千早定朝の悲願であった法隆寺勧学院《かんがくいん》が明治二十六年に開設され、学問による法隆寺の復興もようやく軌道にのり、法隆寺に活気がみなぎりつつあった。そのような復興期にあたって、懸案の伽藍の修理にも着手することとなり、明治二十八年から綱封蔵や夢殿の修復が始まっている。

古都保存法と明治の修理

ちょうど明治二十九年（一八九六）、九鬼隆一を中心とする「古社寺保存会」が設置され、翌三十年に古社寺保存法が制定され、それにともなう第一回特別保護建造物、国宝の指定がおこなわれている。

それによって指定された特別保護建造物は、金堂・中門・五重塔・夢殿の四件、国宝は釈迦三尊同脇侍《わきじ》・薬師如来及び脇侍・夢殿観音・金堂四天王・橘夫人厨子《ずし》・乾漆観音《かんしつかんのん》（百済観音《くだらかんのん》）・九面観音・玉虫厨子《たまむしのずし》・蓮花図二曲屏風《びょうぶ》・観音菩薩・行信《ぎょうしん》像・金堂天蓋《てんがい》などであった。

この古社寺保存法の施行にともない、修理補助金の下付を得て順次修理をおこなうこととなる。この保存法施行と相前後して、伊東忠太・関野貞・中川忠順・亀岡末吉・新納忠之介・荻野忠三郎らによる建造物・宝物の調査がたびたびおこなわれている。

それをうけて、建造物では明治三十五年（一九〇二）に中門の修理、仏像では同三十九年に夢殿本尊救世観音《くせかんのん》・聖霊院本尊聖徳太子像・金堂吉祥天・多聞天の修理をおこなっている。翌四十年にも新堂・西園院客殿、上御堂の本尊の修理をおこなっているが、負担金などの資金に困窮し、三十六年に法隆寺住職に就任した佐伯定胤を中心として、その基金づくりに苦労している。その結果、寺門維持基金を捻出するため、百万小塔三〇〇〇基および屛風一双を処分することとなり、政府の認可をうけて翌四十一年にその譲与を開始し、同年の九月の時点で四万二一〇円の収入があった。それでまず二六年以来の負債を消却し、その残余金を維持基金として復興の資金にあてている。

それ以来、西円堂本尊薬師如来・大講堂本尊薬師三尊および四天王をはじめとする諸堂の本尊脇侍《わきじ》が日本美術院によって修理され、明治四十四年までにほぼその大部分の修理の完成をみている。

ちょうどそのころ、岡倉天心による法隆寺会組織の提案があり、やがてその発案が大正十年（一九二一）の聖徳太子一三〇〇年御忌にむけて実現し、大正七年五月二十五日「聖徳太子一千三百年御忌奉讃会」が設立された。大正十三年、聖徳太子一三〇〇年御忌の記念事業の完成と事務整理の終了をまって、名称を「財団法人　聖徳太子奉讃会」とあらた

増長天像・広目天像・多聞天像）

金堂四天王像（右より、持国天像・

橘夫人念持仏厨子

玉虫厨子

夢 違 観 音 像

百 済 観 音 像

九 面 観 音 像

聖霊院聖徳太子像

百　万　塔

金堂天人小壁画

め、法隆寺の護持団体としてその復興に大きな役割をはたすこととなる。

とくに宝物の修理についてはー応のめどがついていたものの、伽藍の建造物の修理という一大難関がひかえており、それをどのように進行すべきかが大きな課題であった。

すでに、明治四十四年（一九一一）に上御堂、大正三年（一九一四）から同九年にかけて南大門・西院経蔵・鐘楼・回廊の修理は終えていたものの、未修理の建物のなかには、世界的至宝である金堂・五重塔などがふくまれていた。とくに金堂の壁画の保存については、すでに古社寺保存法施行時からの重要課題であり、根本的修理方法の決定をまって、その処置にあたることとなる。

昭和の国宝保存大修理

法隆寺にとって、世界最古の木造建築物を火災からまもるための防災設備の設置は永年の悲願のひとつであり、明治の末年から関係機関への嘆願をたびたびおこなっている。ついに、大正八年、衆議院で防災設備水道工事に関する建議案の可決をみるにいたり、文部省を中心として綿密な調査研究の結果、大正十四年（一九二五）に工事に着手し、昭和二年（一九二七）に完成している。それにつづいて伽藍の修理に着手し、昭和八年から西室・三経院の修理をはじめることとなった。

ところが、法隆寺の建造物は世界的至宝であり、その数もおおく、一刻も早く改修せねばならないほどに老朽化が激しかったため、その修理を国家事業としてできるだけ短期間におこなうべしとの声がたかまりつつあった。

文部省ではさらに詳細な調査検討を重ね、一〇〇万円の巨費を投じて一〇カ年計画（一五カ年継続となった）でおこなうことを決定した。しかも、その修理は文部省としてはじめての本省直轄の国宝保存修理事業とすることとなり、法隆寺国宝保存協議会・法隆寺国宝保存事業部・法隆寺伽藍修理出張所の機関を設置して万全を期すこととなった。

そこで、昭和九年（一九二〇）四月から老朽化が著しく、かつ建築学上問題の少ない東大門・食堂《じきどう》・細殿《ほそどの》の修理に着手、同年五月二十七日を期して昭和の大修理の起工式をおこない、東院礼堂・鐘楼・西円堂・大講堂・夢殿・東院回廊・同四脚門・同南門・地蔵堂・北室院本堂・同表門・宗源寺四脚門・伝法堂・絵殿および舎利殿などの修理がつぎつぎと始まった。この間、舎利殿や伝法堂の解体中に、その地下から東院建立以前の掘立柱の建物遺構が発見されたことは、発掘史上画期的なものであった。

その建物遺構の方位は磁北から一一度ほど西へ振れ、しかも二期にわかれている。この東院は斑鳩宮《いかるがのみや》の旧跡と伝えられており、この遺構がその宮殿跡であることが確認された。ここにわが国古代の宮殿遺跡がはじめてあきらかとなり、それ以降の発掘調査に大きな影響を及ぼすこととなった。

これとほぼ同時期に若草伽藍跡の発掘もおこなわれている。これは、明治以来の法隆寺再建非再建論争の白熱化にともない、若草とよぶところに昔、塔があったとする伝説が重視されるようになったためである。明治のころから若草にあった礎石は寺外に流出していたが、昭和十四年に法隆寺へ返還されたのにともなって発掘調査が石田茂作・末永雅雄両氏によっておこなわれた。その結果、塔・金堂の掘込基壇が確認され、それが法隆寺の創建時の伽藍跡であることがあきらかとなり、法隆寺再建説が決定的となったのである。

このように、昭和大修理中に学界を揺るがすような大発見もあり、おおくの副産物的収穫もかなりあったことはいうまでもない。

金堂壁画の保存問題

昭和大修理中の最も重要な課題は、金堂壁画の保存問題であった。壁画の保存対策は、すでに明治三十年の古社寺保存法が施行されたころからの重要問題であり、大正四年（一九一五）からは「法隆寺壁画保存方法調査委員会」を設置し、壁画硬化などの試験や破損程度の調査研究をおこなったものの結論をえるまでにはいたらなかった。昭和九年（一九三四）に法隆寺国宝保存事業部が設けられてからは破損箇書の修理方法、顔料、壁画硬化法、剝落状況について調査研究がつづけられたが、結論はでていない。しかし、いよいよ金堂の修理の時期が切迫し、その最終結論をだすべく、昭和十四年（一九三九）六月、壁画保存調査会を組織し、建築・地震・細菌・化学・美術・歴史の専門委員を委嘱し、建築・理化学・芸術の三小委員会に分かれて、具体的な保存方法を検討することとなったが、安全かつ確実な方法論が見出されないまま時間のみが経過する有様であった。文部省では、金堂の修理着工が二年後に迫っており、さしあたってまず壁画の忠実な模写をおこなうことを決定し、模写を担当する荒井寛方・中村岳陵・入江波光・橋本明治の四画伯を選出し、二年間で完了する計画を立てた。

この模写作業と並行して、昭和十七年一月八日から五重塔の解体に着手している。そのころから戦局の悪化にともなう人手不足をきたしはじめていたものの、昭和十八年には聖霊院の修理に着手し、解体をのこすのは金堂のみとなった。

昭和十九年の末には五重塔は初重をのこすのみとなり、金堂も昭和二十年五月一日に上層部の解体に着手したが、風雲急を告げる戦局のなかで、金属の供出とともに仏像の疎開もはじまり、壁画の模写や修理も自然休止のやむなき状態となった。ついに八月十五日の終戦をむかえ、疎開の宝物も漸次寺へ帰り、中断していた模写作業や修理工事も再開され、二十三年には聖霊院の修理が完成している。

ところが、二十四年一月二十六日の未明、金堂から出火、世界的至宝といわれる壁画を焼損する惨事に見舞われたことは千秋の恨事というほかはない。ただし当時、金堂の上層部は解体され、二〇面の天人の小壁画も取りはずしていたためその難を免れている。

その後、焼損した壁画と金堂の軸部の柱は樹脂によってその剝落をおさえ、羅災時の状態で収納するための収蔵庫を建設して保存している。

この焼損につづいて、五重塔内の秘宝公開のことが大問題になった。これは、すでに大正十五年に岸熊吉が塔の心礎のなかに舎利容器が納置してあるのを発見したもので、極秘のうちに調査がおこなわれ、ふたたび心礎のなかにおさめられていた。ところが、今回の五重塔の修理にさいしてその公開をせまる声がたかまり、おおきな社会問題ともなった。法隆寺としては、信仰をまもる立場から公開の拒否を表明し、その問題は暗礁にのりあげたかたちとなったのである。

その後、文部省と法隆寺とのあいだで協議がかさねられた結果、信仰の尊厳をまもるとの立場を確認したうえで、法隆寺から専門家に依頼して宝器の清掃をおこない、その機会に信徒代表と専門家に奉拝を許すこととなり、秘宝問題は一応の解決をみている。

昭和大修理の完了

昭和二十七年に五重塔、二十九年に金堂、三十年に新堂の修理が竣工し、昭和大修理第一期工事がここに完了した。

それにともなって法隆寺伽藍修理出張所は閉鎖されたが、あらためて三十一年、法隆寺文化財保存事務所を設置し、法隆寺の文化財保存と未修理の建造物修理を促進し、その工事を奈良県に委託することとなった。その修理は東室からはじまり、妻室・綱封蔵・西園院上土門《あげつちもん》・西院大垣・北室院太子殿・西園院客殿・西院東南隅子院築垣・西院西南隅子院築垣・旧富貴寺《ふき》羅漢《らかん》堂・宝珠院本堂・大湯屋・大湯屋表門・福園院本堂・律学院本堂・上御堂・東院回廊などにおよび、昭和六十年六月に無事完成したのである。

この昭和大修理によって、調査技術が格段の進歩をみせ、諸堂が創建時に近い姿に復されている。この修理が関係学界に果たした貢献はきわめておおきく、ヤリガンナの復元など技術面でも著しい進展がみられた。また、三十六年からは中門仁王像の修理をおこない、四十三年には白壁となっていた金堂の大壁に再現壁画が取り付けられ、四十六年には同小壁画も模写されて、取り付けられている。

この大修理完成にひきつづいて、善住院持仏堂・宗源寺鐘楼・西円堂参籠所・宗源寺本堂など未指定の建造物の修理も奈良県文化財保存事務所に委託して進行しつつある。

仏像（彫刻）と仏画

仏　像

法隆寺の創建当初に存在した仏像に関する記録はない。しかし、奈良時代に安置していた仏像の記録としては、天平十九年（七四七）の『法隆寺資財帳』がある。

合仏像二十一具　五軀　四十帳
金塗銅薬師像　一具（金堂薬師如来像）
右奉為池辺大宮御宇　天皇
小治田大宮御宇　天皇
幷東宮上宮聖徳法王丁卯年敬造請坐者

金塗銅釈迦像　一具（金堂釈迦三尊像）
　右奉為上宮聖徳法王癸未年三月王后敬造而請坐者
金塗銅像　八具
金塗押出銅像　三具
宮殿像　二具　一具金塗押出千仏像
　　　　　　　一具金塗銅像
金塗灌仏像　一具
金塗千仏像　一具
金塗木像　三具
　右人人請坐者
檀像　一具　　右養老三年歳次己未従唐請坐者
金塗雑仏像　五軀
　右人人請坐者
（中略）
合塔本四面具摂　一具　涅槃像土　一具　弥勒仏像土

一具　維摩詰像土　一具　分舎利仏土

右和銅四年歳次辛亥寺造者

合金剛力士形　二軀　在中門

右和銅四年歳次辛亥寺造者

このうち現存するものは、薬師如来像・釈迦三尊像・塔本四面具・金剛力士像などである。

また、天平年間に建てられたとする東院には「上宮王等身観世音菩薩木像　一軀　金薄押」（救世観音）が安置されていたことが、天平宝字五年（七六一）勘録の『東院仏経幷資財条』（以下『東院資財帳』という）に記されている。

また、奈良時代の末期から平安時代にかけて西円堂や上御堂が建立され、その本尊として乾漆薬師如来坐像や木造釈迦三尊像をはじめ、夢殿の建立発願者である行信の乾漆像《かんしつぞう》やその再興者である道詮の塑像もつくられている。

さらに正暦元年（九九〇）には講堂の再興にともなって本尊の木造薬師三尊像や木造四天王像を新造している。

なお、長徳二年（九九六）の記録『文永修理銘所引長徳二年交替帳』に「食堂薬師三尊

金堂薬師如来像

行　信　像

道　詮　像

講堂内部と薬師三尊像

西円堂薬師如来像

木造地蔵菩薩像

臂《ひじ》折れ光背《こうはい》無し」とあり、法隆寺には諸堂ごとに相当数の仏像を安置していたことがわかる。とくに、承暦二年（一〇七八）の十月八日には橘寺《たちばなでら》から小金銅仏四九体が金堂に移されたり、同年に吉祥悔過《きちじょうけか》の本尊として毘沙門天像《びしゃもんてんぞう》・吉祥天像《きちじょうてんぞう》の二天像を新造したことが承暦二年注録の『金堂日記』に記載されており、そのころの金堂には大小一〇〇体以上におよぶおおくの仏像を安置していたこととなる。

また、十一世紀の中ごろから太子信仰が大いなるたかまりをみせたのにともなって、治暦五年（一〇六九）には、太子の童子形像がつくられ、その後、聖霊院の本尊聖徳太子及び侍者像五体も造顕されている。

それ以来、おおくの南無仏像（二歳）、孝養像（一六歳）、勝鬘経講讃像《しょうまんぎょうこうさんぞう》、太子の摂政《せっしょう》像《ぞう》などさまざまな太子の姿を表わした像を盛んに造顕している。

鎌倉時代以降、子院の持仏として観音像・地蔵菩薩像・阿弥陀如来像・釈迦如来像などが数多く造られている。南北朝期には真言密教が法隆寺で栄えるようになり、不動明王像や弘法大師像などもつくられている。

とくに法隆寺では、太子が観音の化身《けしん》として信仰されたことによって観音像が最もおおくつくられ、それについで太子がはじめて礼拝された像は地蔵菩薩であったとする伝説によって地蔵菩薩像もおおい。さらに、中宮寺などの寺院からおおくの仏像が法隆寺に移されてきたこともあり、まさに法隆寺は仏像の宝庫であったといえる。

なお、元禄十一年（一六九八）の『法隆寺堂社霊験并仏菩薩像数量等記』の末尾には法隆寺が所蔵していた仏像として、「右尊像等都合員数」一七〇余体と記している。しかし、そのなかには子院に所属する仏像はふくまれていない。江戸時代には数カ所の子院に聖天《しょうてん》（歓喜天）像を安置していたとする記録もあり、各子院や境内末寺などの持仏堂には相当数の仏像があったとみられている。

その後、明治の廃仏毀釈《はいぶつきしゃく》によって各地の寺の子院や末寺が取りたたまれたのにともない、そこに安置していた仏像や、摂社・末社の本地仏《ほんじぶつ》などが法隆寺の西円堂や上御堂・伝法堂などに仮安置したことが、明治十二年（一八七九）の『法隆寺明細帳』などに記録されている。その代表的なものとして、三輪《みわ》神社の神宮寺であった大御輪寺から移された木造地蔵菩薩像（国宝、金堂安置）や、法隆寺の鎮守であった竜田新宮の別当東之坊台（胎）金堂の本尊大日如来像、法隆寺の近郊にあった常楽寺の四天王像（重要文化財、伝法堂安置）などがある。

その一方で、明治十一年には皇室へ「四十八体仏」を献納したり、小金銅仏などがたびたび盗難にあっているが、それによって空白となった仏像の補充などにもつとめている。そのような努力の結果、金銅仏・木造仏・乾漆仏・塑像など各分野を代表する優れた仏像のおおくが現在に伝えられているのである。

仏　画

法隆寺の絵画といえば、金堂の壁画（昭和二十四年一月二十四日焼損）に代表される。しかし、昭和の修理によって五重塔にも金堂と同じような壁画が描かれていたことを発見している。ところが、それらの壁画のことは天平の『法隆寺資財帳』には記載されていない。『法隆寺資財帳』には、

画仏像四十張　卅七帳人々請坐者
立釈迦仏像　一張
十弟子釈迦仏像　一張
立薬師仏像　一張
右天平四年歳次壬申四月廿二日平城宮御宇　天皇請坐者
観世音菩薩像　八張
右天平四年歳次壬申四月廿二日平城宮御宇　天皇請坐者

と記され、天平宝字五年（七六一）の『東院資財帳』には、

　五幅画像霊山浄土　一鋪　具仏台　奉請坐法隆寺法師臨照

　二幅画像補陀落山浄土　一鋪　具仏台　奉請坐曽禰連□□

などがあったと記されている。残念ながらそれらはまったく現存していない。

現在にしられている絵画としては、聖徳太子及び二王子像（「唐本の御影」ともいう、献納宝物）が奈良時代の作で、最も古いといわれている。

描かれた年代があきらかで最も古いものとしては、秦致真（貞）が治暦五年（一〇六九）に描いた太子絵伝（東院絵殿の障子絵、献納宝物）がある。それ以外に平安時代の絵画としては、十六羅漢図（重要文化財）、法華曼荼羅《ほっけまんだら》なども現存している。

その後、太子信仰の飛躍的な発展にともなって、真言密教との融合がはかられ、弘法大師は太子の後身であるとし、両者はともに観音の化身《けしん》として信仰されるようになる。その結果、そのような信仰を図化した五尊像図や太子に関係のある人びとを曼荼羅《まんだら》ふうに表現した聖皇曼荼羅《しょうこうまんだら》図などが描かれたり、聖霊院でおこなう正御影供《しょうみえいく》に奉懸《ほうけん》する弘法大師画像も描かれている。

そのほか舎利殿にあった蓮池図などは、鎌倉時代の法隆寺を代表する絵画である。また、

子院などでおこなわれた太子講の本尊としての太子画像もおおい。それ以外にも、法隆寺で栄えた教学や信仰に関連した絵画が多数現存している。たとえば、法相宗の慈恩会や三蔵会の本尊としての慈恩大師画像・法相曼荼羅などである。

浄土教に関連するものには浄土曼荼羅・阿弥陀如来画像、真言密教に関するものとしては両界曼荼羅・星曼荼羅・弘法大師画像などが多数伝わっている。とくに、室町時代からは僧侶の寿像を描く風潮も生まれ、おおくの寺僧の画像も伝わっている。

今回の昭和資財帳の調査の結果、法隆寺が所蔵する絵画の特徴としては、仏教絵画にかぎらず多種多様のものをふくんでいることがあきらかとなった。それは明治十一年の献納宝物によって減少した宝物を補充するために子院や信者からの寄付を求めたり、購入したもののほとんどが絵画類であり、その結果、密教・顕教《けんぎょう》の諸仏画、垂迹《すいじゃく》画、祖師人物画、風俗画、絵巻物などきわめてバラエティーに富んだ内容となっている。

書　籍

経　典

法隆寺所蔵経のことを伝える、最も古い記録である天平十九年（七四七）の『法隆寺資財帳』によると、

合部足経　一十二部　九部人々請坐奉者
　金光明経　一部　八巻
　　右甲午年飛鳥浄御原宮御宇　天皇請坐者
大般若経　一部　六百巻
華厳経　一部　八十巻
　右奉為天朝天平七年歳次乙亥法蔵知識敬造者

合雑経二千一百五十二巻　千二百巻人々坐奉者
金剛般若経　一百巻
右養老六年歳次壬戌二月四日　平城宮御宇　天皇請坐者
仁王経　二巻
右天平九年歳次己巳仁王会時平城宮御宇　天皇請坐者
観世音経　一百巻
心経　七百五十巻
右平城宮御宇　天皇請坐者
合律六十巻
合論疏玄章伝記惣一十三部十一巻　八部四十巻人々坐奉者
法華経疏　三部　各四巻
維摩経疏　一部　三巻
勝鬘経疏　一巻
右上宮聖徳法王御製者
智度論　一部　一百巻

右奉為天朝天平二年歳次庚午法蔵知識敬造者

などを所有していたことがわかる。

また、東院でも、

合経七百七十九巻

右上宮聖徳法皇御持物矣天平九歳次丁丑二月廿日藤氏皇后宮推覓奉請坐者

大般若経　一部　六百巻　高朴軸
　　　　　　　　帙六十枚　褐錦順

大宝積経　一部　一百廿巻　高朴軸
　　　　　　　　帙十二枚　□錦順

薬師経　四十九巻　木絵軸　帙五枚□錦順

右天平十八年歳次丙戌五月十六日正三位橘夫人宅奉請坐者

法華経　一部　七巻帙一枚　幷大唐者
　　　　　奉請坐法隆寺僧法処

心経　一巻　以金墨□沈香紫紙
　　　請坐奉法隆寺僧賢広

勝鬘経　一巻　題表金字終着沈軸銀楼首紙
　　　　　　　絵法主像
合経疏八巻
法華経疏　四巻　正本者　帙一枚着牙
　　　　　　　律師法師行信覓求奉納者
維摩経疏　三巻　正本者　帙一枚着牙
勝鬘経疏　一巻　帙一枚着牙
　右上宮聖徳法王御製者

などを所有していたことが、天平宝字五年（七六一）の『東院資財帳』に記載している。

法隆寺の写経事業としては、「行信《ぎょうしん》の発願経」が最古のものである。この行信経は、夢殿を建立した行信が、朝廷や四恩（父母・衆生・国王・三宝）をはじめ群生済度《ぐんしょうさいど》のために法華経・金光明経・大般若経《だいはんにゃきょう》・瑜伽師地論《ゆがしちろん》などあわせて二七〇〇巻の書写を発願したものである。行信が途中で没したため、その弟子の孝仁らが神護景雲元年（七六七）に完成させている。

この大般若経は夢殿に伝来していたことから、「上宮王院行信御真筆大般若経《じょうぐうおういんぎょうしんごしんぴつだいはんにゃきょう》」とよ

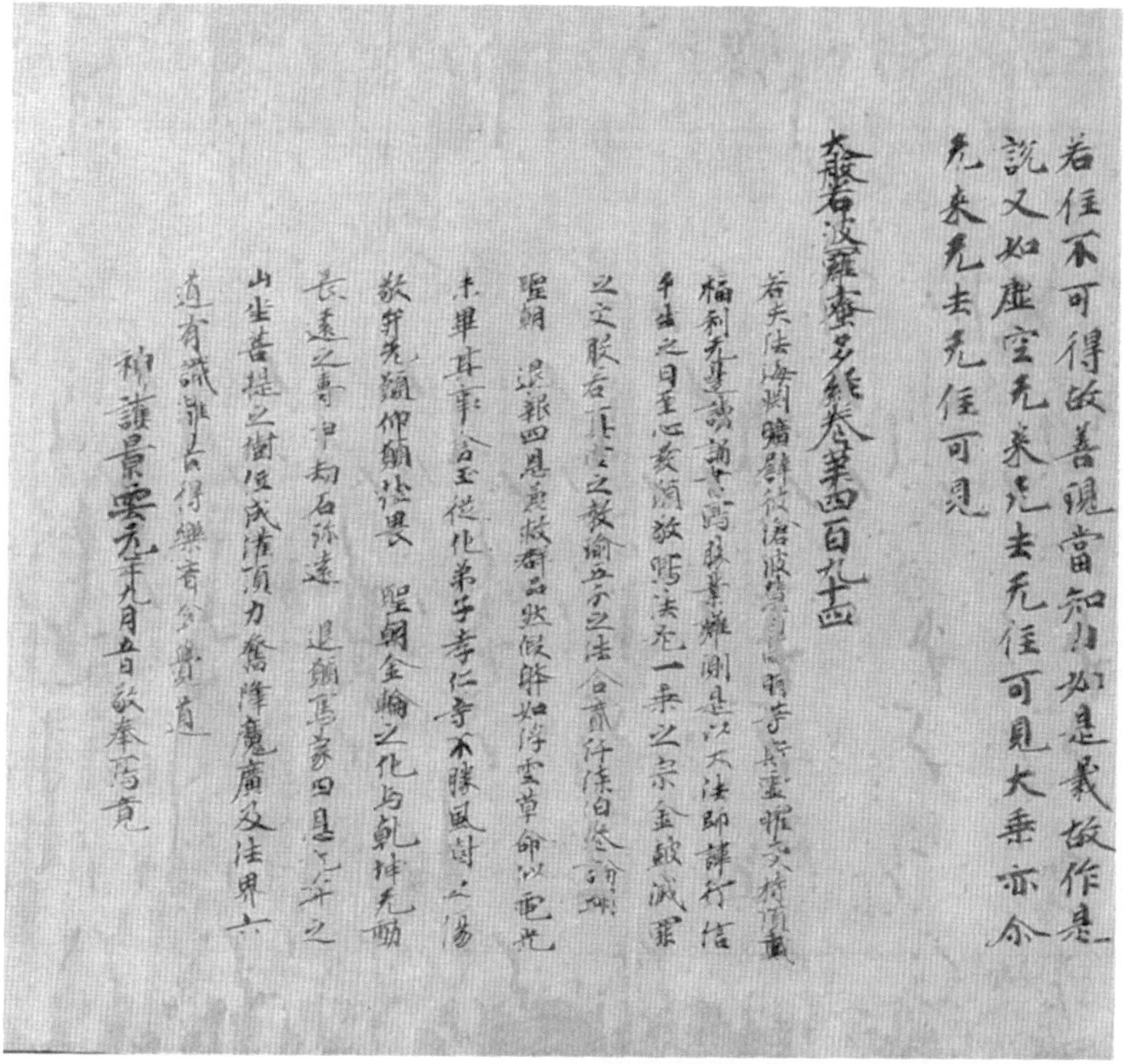

若住不可得故善現當知如是義故作是
説又如虚空无来无去无住可見大乗亦尓
无来无去无住可見
大般若波羅蜜多經巻第四百九十四

[illegible]

神護景雲元年九月五日敬奉寫竟

行信発願経の跋語

ばれ、疫病退散や兵乱平定、寺領の保全など法隆寺の大事に遭遇したときには、しばしば読誦《どくじゅ》されたことが『上宮王院行信御真筆大般若経読誦記』によってしられる。

また『日本紀略』によれば、天長五年（八二八）の二月に、西大寺の「吉備由利私願一切経」を法隆寺に移したとあり、そのころ法隆寺でおおくの経巻を所蔵しようという動きがあったことがわかる。

法隆寺における大規模な一切経の写経事業としては、永久二年（一一一四）ごろ発願した寺僧の勝賢による二七〇〇余巻の写経と、保安三年（一一二二）に林幸が発願した四四〇〇余巻のものがしられている。ところが、現存する「一切経」の奥書によると、

承徳三年己卯八月之比、奉書写了。法隆寺結縁一切経之内宝積経七十三、四、幷二巻

僧頼円敬奉書写之。

とあり、勝賢の発願に先立つ承徳三年（一〇九九）にすでに一切経の発願があったことが判明しており、諸大寺における一切経発願の動きに大いなる刺激をうけていたことがわかる。

法隆寺では林幸の写経以後も、経論の書写をおこなったり、他の寺が所蔵していた一切経を買い求めることによって、法隆寺一切経の内容を充実することに努力していたようで

ある。とくに、『古今一陽集』の「一切経蔵」の項に、

　私曰く、古今目録抄に経蔵は昔は無し、今始めて建てると云う此の時乎。件之旧軸は悉《ことごと》く破壊によって修補に堪《た》え難《がた》く密経蔵に納む。その後元禄年中に至り、興福寺花厳院書写する所の経なり、浄財を与えてこれを需《もとめ》せしむ。

とあり、元禄期に興福寺の花厳院の所蔵経を購入して、法隆寺所蔵の一切経の充実をはかっていたことがわかる。

　明治十二年（一八七九）に千早定朝が記した『当寺経蔵文庫沿革之考証』に、

　当寺は元東西両派に分立して西寺は学衆と称し、東寺は堂衆と称す。然而《しかるに》堂衆は一円学衆の進退なり。是に於て古来堂学相互に権利を争い時々公訴を企《くわだ》て山中大いに惑乱《わくらん》せしむること度々に及べり。その際自坊の散佚せし物も不尠《すくなからず》と云々。該旧軸も当時に散佚せし物ならんや。今安置する所の一切経は新写にして本部も亦全《またまった》からず、記載する程の名筆にも非ざれば茲《ここ》に之を略す。

とあり、古い経巻のほとんどは形をとどめないまでに破損していたらしく、その当時、形をとどめていた経巻の大部分は新しいものであったことがわかる。しかし、昭和十年ごろから経巻の修理をおこなったところ、古い経巻が多数のこっていることがあきらかとなっ

た。その結果、現在では大般若経六〇〇巻、法隆寺一切経九二六巻（追加指定をふくむ）が重要文化財に指定されている。

とくに今回の昭和資財帳の調査の結果、新たに若干の天平写経をふくむ行信発願経や林幸発願経などの、平安時代の写経および鎌倉時代から江戸時代にかけての写経をはじめ、宋版・元版・明版などの版本も多数発見されている。

以上のことからも各時代の寺僧たちが、法隆寺一切経の充実をはかることに懸命な努力をはらっていた様子がしのばれる。

古文書

法隆寺は仏教美術の比類なき宝庫といわれているのに対して、古文書の所有量がきわめて少ない。それは古文書類が主として子院で保管される場合がおおく、古文書を所蔵している坊舎が焼失したときに失ったものが少なくないからである。

たとえば、金光院が元和八年（一六二二）に焼失したときに旧記類を失ったこと、勧学院が享保十二年（一七二七）に焼失したときに聖教類を類焼したことが『古今一陽集』などに記載されている。

（金光院）元和八年当院焼却す。此の時堂衆惣分の庫蔵類焼。旧記法服等若干焼亡す。

（勧学院）享保十二年不慮の火災あり。宸殿《しんでん》解脱《げだつ》之間、対の屋、中門、唐門等悉《ことごと》く焼失す。此時自宗之聖教等大旨焼亡す。

この勧学院の焼失を目の当たりにした寺僧の良訓は散在する古文書類を蒐集《しゅうしゅう》して、その整理をおこない、「法隆学問寺」「法隆学問寺中院経蔵印」「勧学院経蔵印」「良訓」などの印章を文書に捺印し、その末尾に発見した由来などをしめす識語を記している。しかし、それ以降もじょじょに文書類が寺外に流失している。その最も代表的なものとしては、『上宮聖徳法王帝説』や『良訓補忘集』などがある。

それらのおおくは主として幕末から明治の初期にかけて散佚したものと考えられる。それに対して近代法隆寺の再興者として名だかい千早定朝は、早くから文書類の保護をおこない、古記録を修理しては「寺門不出」のものとして文庫におさめ、その保存につとめている。

その間の事情については、『当寺経蔵文庫沿革之考証』（明治十二年）に、

近年、享保十二年正月十八日夜半に、当寺勧学院回禄の余災に逢て相伝の旧記及び珍画名書に至るまで悉《ことごと》く焼失す。漸《ようや》く必用の寺要日記十二冊、別当記三冊、嘉元記一冊、古今目録抄二冊、同古写三巻、朗詠集《ろうえいしゅう》一巻、幸に余処に在て此の余災を免れり。

此の残記は、則ち前年、聖朝に宝器と倶に之を献納す。斯《か》くの如《ごと》く往古より近歳に至るまで度々の火災にて今は名家の筆に係る文書、法帖、その外の書籍に至るまで、有名なる物これ無く、漸《よう》やく古写本の一、二、を得るに任せ甲号書式の目録に記載するが如し。

とあり、また『斑鳩文庫目録抄』（明治十九年）には、

予性質古書旧記を好むの一癖《いっぺき》在り。曽《かつ》て、法隆寺伝灯録、同兼学宗旨起因、同官府宣記、同院主寺主系譜略伝、同伽藍明細記、同伽藍堂塔巡拝記、斑鳩勧学篇、法隆寺要録等の数部を編集す。尚著述せんと欲するもの多し。その標目左に、

斑鳩旧記類集、同旧記一覧、法隆寺伝暦、宗要略記、別当次第記、斑鳩旧跡幽考、同堂塔本尊霊験記等の書を著述せんと欲する熱心在り。然《しか》れども予兼ねて眼疾近来老衰に至り物色不明にして読書殊に労す。故に本寺所蔵の伝記等不用に属すもの在りと雖も之れを取捨せず書蔵の分悉く皆目録に記載し共に永く保存の方法を設け置者なり。よって将来無益に視なすもの在りと雖も好み、好まざるその人に依れば小冊と雖もみだりに散佚することなかれ。庶幾《こいねがわ》くは将来の後住予が在志を継ぎ前標の書目を以て篇集せんことを。

と、記されている。

そのような経緯の後、大正年間になると寺から流失していた古文書を購入したり、篤志家からの寄付を求めた結果、幸い多数の古文書が法隆寺にもどっている。そのとき、寄進された古文書に、

法隆寺文書　四巻（古文書一八通、古田券七通）
大慈恩寺三蔵法師伝　二巻（大治元年書写）
崇俊塔銘幷序　一巻（平安時代書写）
付法伝　一巻（唐代敦煌出土）
成唯識論述記　二帖（平安時代書写）
聖徳太子伝暦　二巻（観応二年書写）
法隆寺大講堂仏名大会現在帳　二紙
請雨経法差置　一巻（寿永三年勝賢筆）
般若心経　一巻（平安朝末期頃）
唯識論尋思鈔　二冊（仁治二年性恵筆）

などがある。

とくに、昭和五年から一〇年間荻野三七彦氏によって古文書と経巻の整理がおこなわれ、同時に篤志家の浄財を得てその修理を実施し、新設した鵤《いかるが》文庫《ぶんこ》におさめている。その調査の結果は『法隆寺蔵古文書記録其他調査幷整理目録』に収められている。

経巻や古文書のほかに法隆寺でおこなわれていた教学や法要などに関する書籍類も数おおく現存している。

その他の書籍

教学の面では太子の伝記の研究書である多数の太子伝や、三経義疏《ぎしょ》、その注釈書など大部のものが伝わっている。とくに、太子教学の振興をはかるために、宝治年間には三経義疏、文永年間には勝鬘経《しょうまんぎょう》と維摩経《ゆいまぎょう》、寛永年間には勝鬘経・維摩経・勝鬘経義疏などの開版があり、その版木の大部分が現存している。

また、法相《ほっそう》関係のものとしては成唯識論《じょうゆいしきろん》をはじめ、中世以降の学僧たちが法相教学を研鑽していたことを物語るおおくの論草類がある。ところがその論草のなかには江戸時代と昭和の二期にわたって興福寺の書籍を購入したものがふくまれており南都における法相教学の貴重な資料でもある。

建治二年（一二七六）に他界した寺僧の聖讃が多数の唯識《ゆいしき》の註釈書を法隆寺の経蔵に奉納しており、「聖讃」の墨印を捺した論書類が多数伝わっている。それについて『古今一陽集』の経蔵の項には次のような記載がある。

中宗の章疏は多分聖讃大法師（字善信房、梨本と号す）安置するなり。

さらに、『古今一陽集』の東室《ひがしむろ》の項に、貞治年間（一三六二〜六八）寺僧の印実が東室に経蔵をつくり、密教の秘籍をおさめたと記載している。

此の室内に経蔵（北より第四間）を設けたり、当寺の密教の明匠印実法印大和尚が、貞治の頃、営造する所なり。嘗《かつ》て仁和寺の周遍大徳に謁《まみえ》て、野沢の両流を伝え密蔵の奥義を極む。稟承《りんしょう》する所の秘籍、尽《ことごと》く庫裡《くり》に秘して窓外に出すことなかれ。故に秘密経蔵と号す。

このように印実が東室の経蔵におさめたという密教の書籍も多数現存しており、それには「秘密経蔵」の墨印が捺されている。

これらの記録によって、寺僧たちが蒐集した論書などを法隆寺の公物として収蔵する習慣があったことがわかる。

そのほかに、三論・倶舎《くしゃ》・律・真言などに関する書籍類も多数伝わっており、それらによって法隆寺の教学の変遷をしることができる。

法要関係のものとしては、慈恩会・三蔵会・仏生会《ぶっしょうえ》・涅槃会《ねはんえ》をはじめ、夏講《げこう》・義疏談義などの法要の次第をふくむ多数の表白類・法則類なども現存しており、法隆寺でおこなわれていた諸行事の研究資料としても貴重なものとなっている。

仏具（工芸）

聖霊会と功徳安居

天平十九年（七四七）の『法隆寺資財帳』によれば、供養法具・僧房生活に必要な品などを所有していたことがわかる。そのころ、法隆寺に止住《しじゅう》する僧は一七六人、沙弥《しゃみ》（出家して剃髪しているが、まだ得度式をへていない初心の僧）八七人の計二六三人で、そのほかに五三三人の法隆寺所属の人びとがいたと記載している。その数について、法隆寺の五三三人に対しほかの寺院では、元興寺九八九人、東大寺三一〇人、四天王寺二七二人、薬師寺一七二人であった。

そのころの法隆寺を維持するために必要な財源となっていたのは、近江・大和・河内・摂津・播磨などに散在する寺領であった。その内訳は、水田三九六町三段二一一歩三尺六寸、園地など一九二九町九段七六歩二尺四寸、合わせて二三二六町二段二八八歩と広大な面積を有していたことがわかる。これらの寺領からの収益の使途は、仏分・灌仏《かんぶつ》分・法分・聖僧分・通三宝分・観世音菩薩分・塔分・常灯分・別灯分・通分・一切通分・寺掃分・四天王分・金剛分・温室分などに区分され、法隆寺の維持費にあてられている。

このほか『法隆寺資財帳』には養老六年（七二二）以降、天皇・皇后からたびかさなる仏像・法具などの施入がおこなわれたことを伝えている。とくに天平六年、八年の二月二十二日光明皇后から鉄鉢や銅鋺などの多数の供養具の奉納があったことに注意しなければならない。この二月二十二日は、太子のご命日であり、この日に施入があったことは法隆寺でおこなわれた太子のご命日の追悼法要に対する奉納物であることを示すと考えてよかろう。

また、神護景雲二年（七六八）には勅命によって吉祥悔過の法要がはじまり、宝亀元年（七七〇）四月には称徳天皇が恵美押勝《えみのおしかつ》の乱を平定したのち、無垢浄光大陀羅尼経《むくじょうこうだいだらにきょう》の趣旨にしたがって百万塔を造顕し、大安寺・元興寺・薬師寺・興福寺・東大寺・西大寺・法隆寺・四天王寺・弘福寺・崇福寺の十大寺に一〇万基ずつ分施している。かくして法隆寺も平城宮にある諸大寺とともに七大寺の一つとして朝廷の厚い保護をうけ、唐より将来した法相・三論・律などの新しい仏教の学問を研鑽することとなる。

ところがその後、太子を景仰する風潮が大きく変化しはじめ、太子の伝記などがつくられ太子を神格化する傾向を強めてくる。たとえば、太子が救世観音《くせかんのん》の化身《けしん》であるとか、法隆寺は太子が学問寺として建立したとすることなどの信仰が生まれている。そのころ、法隆寺に止住する僧侶のなかには学問にすぐれた学僧も少なくなかった。行信《ぎょうしん》や、その弟子孝仁をはじめ、延暦十三年（七九四）比叡山《ひえいざん》の根本中堂《こんぽんちゅうどう》の落成に興福寺の善珠らとともに南都の代表として出仕した忠恵、上御堂を建てた永業などがあり、法隆寺が学問寺として最も名をはせた時代であったことがわかる。とくに法隆寺では太子の遺命にしたがって年々歳々、夏安居《げあんご》がおこなわれ、法華・勝鬘・維摩の三経を講経し、寺僧たちはその研鑽に励んだという。それを法隆寺では「功徳安居《くどくあんご》」とよび、いまにその法統を伝えている。

法隆寺に現存する工芸はきわめておおい。その内訳は、荘厳具・供養具・梵音具・堂内具・法会儀式用具・僧具・密教法具・収納具・生活具・舞楽装束・楽器・奉賽品などに大別することができる。

法要具

そのうち、荘厳具・供養具・梵音具・堂内具・法会儀式用具・僧具・装束・楽器は、主として法隆寺の堂塔を荘厳するものや、そこでおこなわれた法要に使われたものであり、七世紀後半から近代にいたる各時代のものが多数現存している。そのなかには、天平の『法隆寺資財帳』に記載するものもふくんでおり、わが国の仏教儀式の研究のうえからもきわめて貴重なものといえる。

とくに、持統天皇や聖武天皇などが施入されたものや、天平年間からおこなわれたという聖霊会《しょうりょうえ》などの法会に使用されたものがおおい。荘厳具・供養具・梵音具などには、七世紀の後半から八世紀にかけてのものがおおく、正倉院よりも一時代古いものが多数現存している。

また、聖霊会に関するものは、その法会の素形がととのったとされる十二世紀から近年にいたる各時代のものがあり、その内容もきわめて豊富である。とりわけ、聖霊会がたびたび盛大におこなわれた鎌倉時代、室町時代、江戸時代の元禄期と太子の一三〇〇年忌にあたる大正十年（一九二一）に新調したものが最もおおい。

なかでも、元禄期のものは、法隆寺の元禄大修理に関連して盛大におこなったもので、そのなかには、新調したものや修理したものがあり、そのほとんどに墨書銘をのこしているのも特徴の一つである。これらのものを一見することによって一四〇〇年にわたる法隆寺の盛衰の歴史をしることができる。

また、さる昭和六十年におこなわれた法隆寺の昭和大修理完成法要の際には、飛鳥時代の幡《ばん》や奈良時代前期の行道《ぎょうどう》の装束などが多数復元されている。

なお、それらの法具類は、聖霊会以外の仏生会・涅槃会・慈恩会・布薩会などの行事にも共通して使用している。とくに、堂内具にふくまれる礼盤《らいばん》・前机・脇机・磬架《けいか》などは、それがおかれている堂の造建や修理などと関連して、新調したものがおおく、法隆寺の重要な歴史資料でもある。

密教法具　十三世紀の後半から太子信仰と密教が融合した所産として、「聖皇曼荼羅」「五尊像」などが描かれ、聖霊院・金堂などに安置されている。それとほぼ同時期に、金剛盤《こんごうばん》や火舎《かしゃ》、華瓶《けびょう》などの密教法具が法隆寺でも調製されはじめている。それは正応二年（一二八九）に慶舜が聖霊院へ花形壇を、正安二年（一三〇〇）に北室の教仏が金堂に金剛盤を、それぞれ寄進していることからもわかる。

とくに、暦応二年（一三三九）に仁和寺の僧であった周遍（玄光ともいう）が聖霊院で灌《かん》頂《じょう》をおこない、その翌年には聖霊院で正御影供《しょうみえいく》をはじめている。法隆寺の密教化はそのころからきわめて早いテンポで進み、おおくの密教法具が作られたと考えられる。その結果、この周遍に学んだ、実乗や印実などの寺僧たちによって護摩堂の建立が発願され、ついに康暦年間にその完成をみている。その完成時に、密教法具を新調したのは当然のことであり、応永十一年（一四〇四）に作成した「目録法隆寺護摩堂安置本尊等事」には、護摩堂所有の仏像や法具のことを詳しく記載している。

ところが、宝暦十四年（一七六四）にとなりの聖天堂から出火して護摩堂が類焼する惨事に見舞われている。しかし、仏像や法具のほとんどは焼失をまぬがれたらしく、現に護摩堂創建時のものが多数伝わっている。その後、護摩堂は安永五年（一七七六）に大工長谷川高能によって再興されており、そのころにも若干の密教法具を補充している。

収納具には厨子《ずし》など仏像を収納するものと、法具や僧具などを収納するものがある。

収納具

玉虫厨子や橘夫人厨子をはじめ仏像などを安置するおおくの厨子は、荘厳具《しょうごんぐ》に分類されることもあるが、そのなかには飛鳥時代から現在に至るものがふくまれる。とくに近世のもののなかには信者からの寄進物がおおい。後者は法具や僧具をおさめる櫃や筥《はこ》類のことであり、奈良時代から現在までおおくのものがのこされている。その内訳は奈良期の唐《から》櫃《びつ》、平安期の螺鈿《らでん》の唐櫃、鎌倉期の牛王箱《ごおうばこ》、室町期の法服箱などとなっている。

とくに、室町期からのものが多く、江戸時代にいたっては数限りないといっていいほどの量がのこされている。そのなかでひときわ目を引くのは、元禄七年（一六九四）に江戸で出開帳《でがいちょう》をおこなったときに宝物を収納するため桂昌院などから拝領した葵の紋のついた櫃や、善光寺如来の御書《おんしょ》を入れた蒔絵《まきえ》の箱である。また、おおくの人びとからの寄進による黒漆塗《くろうるしぬ》りの宝物箱もあり、いずれも出開帳用に新調したものである。

法隆寺が疲弊していた明治期にも多くの箱を新調したり、修理をおこなっていることは注目に価する。それは千早定朝が古文書や宝物の散佚を防ぐためにそれらを箱におさめ、保存することにつとめたことによる。

このように法隆寺の寺宝のおおくは、それらの収納箱によって温湿度の変化や虫喰いなどからまもられてきたといえる。飛鳥時代や奈良時代の染織類が収納箱におさめられていたことによって多量に現存していることもそれを証明している。

奉納品と生活用具

法隆寺に現存する武器・武具・鏡・櫛・笄《こうがい》のほとんどは、西円堂への庶民の奉納品（奉賽品）である。それは南北朝のころから西円堂の本尊薬師如来の霊験に対しておおくの人びとの信仰を集め、病気などの平癒《へいゆ》を祈願したり、その成就のお礼として最も大切なものを奉納したことによる。男性は武器や武具を、女性は銅鏡・櫛・笄・小袖《こそで》などをおさめている場合が最もおおい。

武器は、刀・槍・弓・鉄砲であり、武具はおもに甲冑《かっちゅう》である。これらの奉納品は西円堂の堂内の柱や壁に所狭しと懸けられていたという。明治十二年の『法隆寺明細帳』に、

此本尊は霊験殊勝《しゅしょう》にして信心の者諸病悉除す。因りて諸国の道俗財物を捧《ささ》げ、武具、鏡、衣類等堂内に充満す。

と記している。また、その数については、明治五年（一八七二）の『宮内省出張検査宝物録』によると、刀剣六七四二本、鏡六〇六五面とある。

しかし、元禄期には鏡を溶かして梵鐘や仏具をつくっている事例があり、奉納数はもっとおおかったと想像することができる。とくに、戦時中には、刀の供出などがあり、そのときに相当数のものを失っている。

なお、刀の鞘《さや》や鏡には奉納銘がのこされていることがおおく、奉納者の居住地によって薬師信仰の分布状況などを知ることができる貴重な資料でもある。

食器などの生活用具は、おもに寺僧の日用品であり、古い時代のものはあまりおおくは伝わっていない。

とくに、それらの物は寺僧の個人的な所有物であり、寺にのこることはほとんどない。ところが明治三十二年（一八九九）に法隆寺の住職となった秦行純は、明治四十一年（一九〇八）にもとの住職寺院であった金剛坊の跡地に法隆寺の由緒ある子院の一つである阿弥陀院を再興し、そこに旧金剛坊の什器《じゅうき》や個人が蒐集《しゅうしゅう》したものを集めて収納していたのである。さいわい、それによって幕末から明治にかけての寺僧の生活用具の様子をしることができる。

なお、以上のように古くから伝承された工芸品のほかに、法隆寺には大正十年（一九二一）の太子の一三〇〇年忌を記念して新調した各種の仏具や、この昭和資財帳の編纂にあたって購入したり、寄進された陶器類など近代の工芸品も多数保管されている。

瓦と百万塔

法隆寺は考古遺物の宝庫でもある。それは法隆寺が一四〇〇年の法統を絶やさず保っていることによる。

法隆寺の瓦

明治二十年代から、法隆寺再建非再建論争がおこるとともに、境内から出土する瓦や土器の年代が注目されるようになった。さらに、大正十四年からはじまった防災工事や昭和九年からの昭和大修理などによって、この分野の研究が盛んにおこなわれるようになった。そのなかでも若草《わかくさ》伽藍跡《がらんあと》と東院の斑鳩宮跡《いかるがのみやあと》の発掘調査はわが国の考古学史上にのこる画期的なものであった。また、近年では、昭和五十三年からおこなわれた防災施設改修一部増設事業にともなって実施された事前発掘調査によって瓦を中心とする多数の考古資料を発見している。

これらの資料は飛鳥時代から現在にいたる各時代のものがふくまれ、そのような長期間にわたって、空白のない編年的資料は法隆寺以外でもとめることはできない。とくに、南北朝からの瓦にはおおくの銘文があり、考古学はもちろんのこと寺史の研究のうえからも貴重な資料となっている。

一四〇〇年の歴史をもつ法隆寺であれば、堂塔に使われた瓦はまことに膨大なものである。この地に寺が建てられたとき、今まで目にしたこともないような焼物で屋根が覆われ、極彩色にいろどられた巨大な建物を目のあたりにした人びとの驚きはいかばかりであったろうか。天智九年（六七〇）に焼亡したと伝えられる斑鳩寺は、ほどなく再建され、七堂伽藍を備えた雄大な規模の寺院として復興した。天平年間には斑鳩宮の故地で東院の造営がおこなわれ、平安時代以降には子院もしだいにふえていった。爾来《じらい》あるときには火に罹《あ》い、またあるときには風で倒れることはあっても、連綿と法隆寺をまもりつづけてきたこの瓦は、われわれに寺の歴史の一面を物語ってくれている。葺《ふ》き替えのために地におろされた瓦も、また、地で深く埋もれてしまった瓦も、ふたたび陽の光をあび一堂に集められた。飛鳥時代から現代まで、幾多の変遷をたどった瓦をみながら、一四〇〇年になんなんとする歴史をふりかえることができる。

古代の瓦

飛鳥時代、軒先《のきさき》を飾る瓦は軒丸瓦《のきまるがわら》だけであったが、法隆寺（若草伽藍）では造営当初から軒丸瓦と軒平瓦が組合せられている。若草伽藍創建当初の軒丸瓦は単弁《たんべん》九弁《くべん》蓮華文《れんげもん》の単純なものであるが、軒平瓦には手彫り忍冬文《にんどうもん》を飾っている。文様は軒平瓦が生乾きの段階で一個ずつ手で彫っているため、彫り忘れた部分があったりする。この作業はきわめて面倒なものだろう。そのためか、忍冬文の一単位をスタンプとしてつくり、これを交互にむきをかえて押捺する軒平瓦がつぎに生まれる。

東院下層（斑鳩宮跡）からは、軒丸瓦にも忍冬文を飾ったものが出土している。小型で単弁のなかに三葉の忍冬をおく軒丸瓦と組合う均整忍冬唐草文《にんどうからくさもん》軒平瓦は笵型で作られた軒平瓦としては最も古いものである。軒丸瓦の蓮弁のなかに忍冬文を置く瓦は若草伽藍や中宮寺にもみられる。

天智九年に焼亡したと伝えられる法隆寺はまもなく再興され、伽藍は整備された。これが西院伽藍である。西院創建時に用いられた軒瓦は軒丸瓦も軒平瓦も前代よりひとまわりおおきくつくられた。軒丸瓦の蓮弁は複弁で肉厚に表現され、仏像の台座蓮弁を彷彿《ほうふつ》とさせるように立体的である。また内区には大きな中房《ちゅうぼう》をもち、外区に線鋸歯文《せんきょしもん》をめぐらせ

若草伽藍軒瓦

法隆寺式軒瓦

るという文様構成は法隆寺の軒丸瓦の基本的な形である。軒平瓦は宝珠の中心飾を起点にして左右に三葉形パルメットがのびやかに展開する。この軒平瓦の祖形は東院伽藍下層遺構出土のものであるが、この種のものはこれ以後、法隆寺では文様構成に変化をみせながら平安時代までつづいてつくられる。

この複弁八弁蓮華文軒丸瓦と均整忍冬唐草文軒平瓦の組合せは「法隆寺式」とよばれ、同様の文様をもつ軒瓦は愛知県を東限として西日本に広く分布している。また、この「法隆寺式軒瓦」の分布が『資財帳』に記載された法隆寺の荘倉の配置にほぼ対応しているのは、興味深い事実である。

法隆寺では奈良時代の瓦も平安時代の瓦もさほどおおくない。奈良時代のものは東院地区でややまとまってみられるが、東院の創建瓦は平城宮と同じものが使われている。平安時代前期のものは単弁十二弁蓮華文を瓦当面に飾り、外区には大ぶりな珠文をめぐらすもの、山字形中心飾りの左右に均整唐草文を飾った軒平瓦などがある。これに似た文様構成をもつ軒平瓦は比較的おおくみられ、鎌倉時代にもつくられている。

鎌倉・室町の瓦

鎌倉時代にはいると、前代よりかなり上質の瓦がつくられるようになる。鎌倉時代初期のものに「法隆学問寺」の文字を瓦当面に飾っているものがある。軒丸瓦は内区に複弁八弁蓮華文をおき、おおぶりな中房に文字を入れる。軒平瓦は右から「法隆学問寺」と入れる。「寺」は異体字であり、かならずしも組合うものではない。ほかに「法隆寺」を瓦当面に飾るものや、三巴《みつどもえ》文軒丸瓦と連珠文軒平瓦のおおぶりな組合せなどもある。

室町時代になると、軒丸瓦の瓦当文様は、ほとんど巴文で統一されてしまう。軒平瓦は中心飾りの形が多様であるが、基調は均整唐草文である。応永年間の軒瓦をみると、巴文の尾部はやや長くのびるが、前代ほど大ぶりではない。軒平瓦の菊花状の中心飾りと波文のような唐草文は「菊水文」と俗称され、室町時代以降にも好んでもちいられている。唐草文以外では剣頭文や、前代に用いられた文字を飾った軒平瓦もつくられる。また、室町時代の法隆寺では瓦大工橘氏が活躍した。

建物に悪霊を寄せつけぬために、邪鬼《じゃき》や怪獣をかたどった鬼瓦《おにがわら》を屋根にのせるようになるのは、八世紀にはいってからのことである。それ以前は、幾何学文や蓮華文を飾った瓦を棟にのせる。法隆寺では手彫りの蓮華文を飾った鬼瓦が西院伽藍の南面大垣地域から出土している。コンパスと定規を使って単弁八弁の蓮華をかたどっており、きちんと割りつけをした彫りかたは、若草伽藍にもちいられた手彫り忍冬文軒平瓦の技法によく似ている。また、文様構成は百済《くだら》にみられる蓮華文の鬼瓦と酷似している。おそらくわが国最古の鬼瓦であろう。全体の二分の一に満たない部分であるが、この破片が鬼瓦の当初の姿をあきらかに示してくれる。

奈良時代になると鬼瓦は眼を大きく見開き、鼻腔を開き、口は裂け、牙をむきだす鬼面となる。その様は、まさに悪鬼を追い払う形相を示している。こうした怪獣面の鬼瓦は平安時代、鎌倉時代とつづくが、顔面の盛り上がりはさほど大きくない。鎌倉時代の鬼瓦は、鼻のすぐ下まで抉《えぐ》りがあるためであろうか、その形相はさほど恐れを感じさせない。どことなくユーモラスな感じさえあたえる。

こうした鬼瓦がより立体的につくられるのは、つぎの室町時代になってからである。法隆寺には室町時代の鬼瓦がおおくのこっており、大棟や降り棟にのって地上を睥睨《へいげい》している。

応永年間に活躍した瓦大工橘国重の作品は、角《つの》がそりかえり、口は耳もとまで裂け、牙をむき、眼光するどく睨《にら》みつける。前代のものとは比較にならないほどの凄さを感じさせる。型によってつくるのではなく、粘土を盛りあげて一点ずつ手づくりしたためであろう。瓦大工の初代橘吉重が六一歳の年に南大門の鬼を作ったとき「瓦大工ユウアミタフ、ヲニヲミナツクル」と記しており、自分の技量を誇示しているように感じられる。

室町時代に法隆寺で活躍した瓦大工橘氏は数おおくの瓦をのこしている。

瓦大工橘氏

橘氏の名は『法隆寺別当記』に、

元弘二年（一三三二）壬申二月廿四日蓮光院地蔵堂供養これあり。施主瓦大工三郎太夫、当寺宿老、以下七僧、但し読師夏一大。

とあるのが初見で、これは「寿王三郎太夫正重」のことであろう。この正重のものと考えられる花押《かおう》が記された平瓦がのこっている。それには息子と推定される「国重」の花押も記される。瓦に年記とともに名を記した例は、国重の「ヲウエ二年　井ノトシ　国重（花押）」（一三九五）が最も古い。

その跡を継いだ橘吉重は二九歳で国重の名乗っていた「寿王三郎」を襲名し、初代「寿王三郎橘吉重」と名乗ることになる。それ以来初代吉重は伽藍内のほとんどの建物の瓦作りに活躍し、七一歳にいたる文安五年（一四四八）までの記録が、各所の瓦に記されている。

○応永十三年（一四〇六）聖霊院丸瓦
シヤウラウエ（聖霊会）ノハライフキ（葺）ノ瓦

ヒラ《（平）》四千マル《（丸）》二千三百
アフミ《（鐙）》二百十枚
ノキ《（軒）》二百三十枚
フスマ《（衾）》百八十枚
アナアケ《（孔空）》ノマル《（丸）》百枚
ヲウエイ《（応永）》十三子ン《（年）》五月十八日
　ヒノエイヌ《（丙戌）》ノトシ《（歳）》
瓦大工ヒコ《（彦）》次郎トシ廿九

○応永十三年（一四〇六）聖霊院鬼瓦

吉重
瓦大工ヒコ《（彦）》次郎コノトシナ《（歳名）》ヲカエテ
　寿王三郎トナヲツク《（名）（付）》ナリ
　ナノリ《（名乗）》ワ吉重
瓦大工ヒコ次郎トシ廿九

○永享八年（一四三六）東院回廊平瓦

コノシコト《（仕事）》ノトシ《（歳）》ワスイフン《（随分）》ノヒテリ《（日照）》ナリ
セハウ《（世評）》ノアマコイ《（雨乞）》ツヨ《強）》ク
アリ《（有）》ナヲ〱スイフン《（随分）》ノヒテリナリ

永享八年閏五月九日

瓦大工　ユウアミ

○嘉吉二年（一四四二）伝法堂平瓦

ニシムロ《（西室）》ノ土トフクイ《（福井）》ノ土
トヲハフン《（平分）》アワ《（合）》セニシタル土
ナリヨキ《（良）》カワルキ《（悪）》カシラ《（知）》ンカ
タヘナリヨク《（良）》ワノチ《（後）》ニモトル《（取）》ヘシ

嘉吉二年十月六日

○文安五年（一四四八）西院経蔵平瓦

文安五年戊辰十一月十二日瓦大工吉重
キヤウサウ《（経蔵）》ノサシ《（押）》瓦［コノ］トシ《（歳）》ツクル《（作）》
ユウアミトシ《（歳）》七十一マ［カ］リ《（罷）》ナル

その多くは瓦作りのことであるが、気候のこと、世間のことを記したものがあり、当時の世事の一端がうかがえる。しかし、何といっても彼の瓦作りに対する気概には驚くべきものがあり、瓦作りの基礎である土の吟味なども記されている。西室・福井など、いろいろな所の土をえらんで瓦を試し焼きしたことを伝えている。

百万塔　百万塔とは三重の木造の小塔で、塔身の内に版刷りの陀羅尼経《だらにきょう》を納入している。『続日本紀』によると天平宝字八年（七六四）、藤原仲麻呂（恵美押《えみのおし》勝《かつ》）が叛乱を起こしたため、孝謙（称徳）女帝がその乱を鎮圧したのちに、無垢浄光大陀《むくじょうこうだいだ》羅尼経《らにきょう》の趣旨にしたがって弘願《ぐがん》を発して小塔を百万基つくった。高さが四寸五分（約一三・五センチ）、径が三寸五分（約一〇・五センチ）の檜材で、ろくろ挽きである。その内部には四種の陀羅尼経をおさめ十大寺に分置したという。

この百万塔を供養するために、東大寺などでは「小塔院」を新たに設けたと記録にあるが、法隆寺ではどのように安置したのかは明らかではない。

ところが明治時代の時点では各寺の百万塔はすべて失われ、ただ法隆寺のみに伝来していたにすぎなかったという。その事情については、平子鐸嶺《ひらこたくれい》の『百万小塔肆攷』（明治四十一年発行）に詳しく記載されているので是非参照していただきたい。

法隆寺に伝来する百万塔に関する記録は、現在のところ、元禄十一年の『堂社霊験并仏菩薩像数量等記』に「小塔　一称徳皇帝朝云々　于今若許有当寺数不知」とあるのが最も古い。次いで享保二年（一七一七）、中院覚勝の発願によって小塔六〇〇基余りを夢殿に集めたことが『年会日次記』に見える。今回の昭和資財帳の調査で、その際に百万塔を固定した板材と釘痕を留める百万塔が発見されている。その板材には覚勝の発願の趣旨が明記され、百万塔にも同様の墨書が認められた。

斯小塔者、孝謙天皇神護景雲四年因勅願造、小塔一百万籠官寺給。是則恵美押勝之逆仁所誓也矣。然諸寺因回禄之災仁一基茂不残、于爰中院法印覚勝堪感于当寺充満。仍而集小塔籠納夢殿祈仏法興隆者也。于時一臈、法印中院覚勝。

享保二歳星丁酉八月日　　自神護景雲四年、享保二年迄星霜歴九百四十八年。

江戸末期までは単に小塔と呼んでいたが、それ以降は、無垢浄光陀羅尼塔・百万小塔・百万塔などの名称で記載している。ところが、明治九年の「法隆寺献納宝物目録」が作成されたころから、百万塔とよばれることがおおくなり、明治二十年代には「百万塔」が正式名称となっている。また、一万、十万節塔も、明治四十年に平子鐸嶺の調査までは「一万基算塔」「十万基算塔」「百万塔ノ内数塔大中」などとよばれていたことが記録によってあきらかである。おそらく「一万節塔」「十万節塔」という名称は平子鐸嶺が調査したころに命名したものと考えられる。

百万塔の安置場所も、古い時期の記録はないが、享保二年に夢殿や舎利殿などに安置したもの以外はそのほとんどが、明治の中ごろまで中門・金堂の二階などに分散して置いていたらしい。そのような状態はそうとう古い時代までさかのぼるものと推定される。

明治四十年の調査から、文庫とよぶ土蔵（宝光院の北側に建っていた）や東室に収納していたが、昭和五年の調査後は、そのころの煙草「朝日」などの輸送用の木箱に入れて、寺務所の西側にある新倉と呼ぶ建物の二階におさめられていた。現在は、工芸収納庫に保管されている。

百万塔の総数については、明治四十年に平子鐸嶺が調査した時点で、四万三九三〇基、そのほかに組立塔十数基分、および節塔二基を確認している。そのなかから、百万塔一〇〇基と節塔二基が国宝（戦後は重要文化財）に指定され、それ以外のものから一般に譲与されていったのは周知のとおりである。

ところが昭和五年におこなわれた再調査の結果、文庫納置分四万二〇二五基、東室納置分二六一〇基の総計四万四六三五基を確認している。不思議なことにこの総数は明治四十年の調査のときよりさらに増えているのである。明治四十一年から約一四〇〇基あまりを譲与しているにもかかわらず、昭和五年の再調査において増加していたのである。

これはおそらく百万塔が各所に分置してあったため明治四十年の調査で、もれ落ちていたからであろう。この現象は、昭和資財帳の調査結果にもみられる。この調査の結果、重要文化財の一〇〇基をふくめ四万五七五五基（伝法堂の地下などから出土したもの五二六基をふくむ）を確認したのである。これも、昭和五年の総数を上まわっているのである。しかも、事実、昭和五年以降も昭和四十一年に西大寺へ一基寄進したのを最後として、約五〇基あまりを譲与しているのである。

しかし、今回の調査によってあきらかになった総数は法隆寺境内をくまなく調査した結果の総数であり、今後増加することはまずないであろう。また、今後はいかなる事情があっても譲与しないこととなっている。奈良時代に一〇万基分置された百万塔のうち、現在まで伝えられたこの四万五七五五基という数は、法隆寺の百万塔の総数として将来まで変わらないものとおもわれる。

この数をふまえて、明治四十一年から譲与した約一四五〇基あまり、献納宝物の四八基、江戸時代には五万基以上が伝来していたということになる。一〇〇〇年あまり以前におさめられた百万塔、一〇万基の内その半数以上のものが伝わっていたのである。そのことからみても、法隆寺がいかに寺宝の護持につとめた寺柄であったかを物語るものといえよう。

聖徳太子と法隆寺

藤ノ木古墳と法隆寺——建立の謎

藤ノ木古墳の被葬者

昭和六十年（一九八五）、藤ノ木古墳の発掘がおこなわれ、金銅装の馬具が発見されて大きな話題となった。その後、古墳の築造年代が考古学的見地から六世紀後半と考えられてから、わたしは「かならず聖徳太子は古墳の被葬者をご存じであった」という確信をいだいている。

その根拠としては、太子が推古九年（六〇一）に斑鳩宮を造営されていることが『日本書紀』に記録されていることによる。

しかも宮殿を造営する前には、かならずその予定地を下見しているはずである。まったく未知の土地に突如として宮殿を造るようなことはないと思うからである。そうすれば太

藤ノ木古墳の玄室と石棺（上）及び石棺内の遺物と人骨（下）
（奈良県立橿原考古学研究所提供）

子が斑鳩を訪れられたのは、推古九年あるいはそれ以前ということが考えられる。

斑鳩宮は、現在の夢殿の近くにあったといわれており、太子がその宮殿造営の予定地に立って西方を望んだ場合、かならず藤ノ木古墳が目に入ったはずである。斑鳩宮からは、わずかに四〇〇㍍しかはなれていない。藤ノ木古墳が築造されてから二〇〜三〇年後（もっと近いかもしれない）のことであり、周囲にはそれをさまたげるような大きな建物もなかったはずである。

当然のことながら、藤ノ木古墳の造営にたずさわった人たちも健在な時期であり、「藤ノ木古墳に誰を葬っているのか」という伝承もあきらかな時代であったといえる。

太子は斑鳩に宮殿を造るにあたって、斑鳩の地域性や、かつてどのような人物が支配していた土地柄であるかといったことを十分にしったうえで、宮殿の建設を決意したはずである。そうした場合、宮殿建設予定地の近くにある最も新しい藤ノ木古墳は誰を葬った墳墓であるか、といったことは十分承知していたと断言してよい。

そのようなことを総合して考えた場合、「太子は藤ノ木古墳の被葬者を知っていた」と唱えることも許されるのではないだろうか。

最近の研究では、藤ノ木古墳の築造年代が六世紀後半から末期へと流動的になり、ます

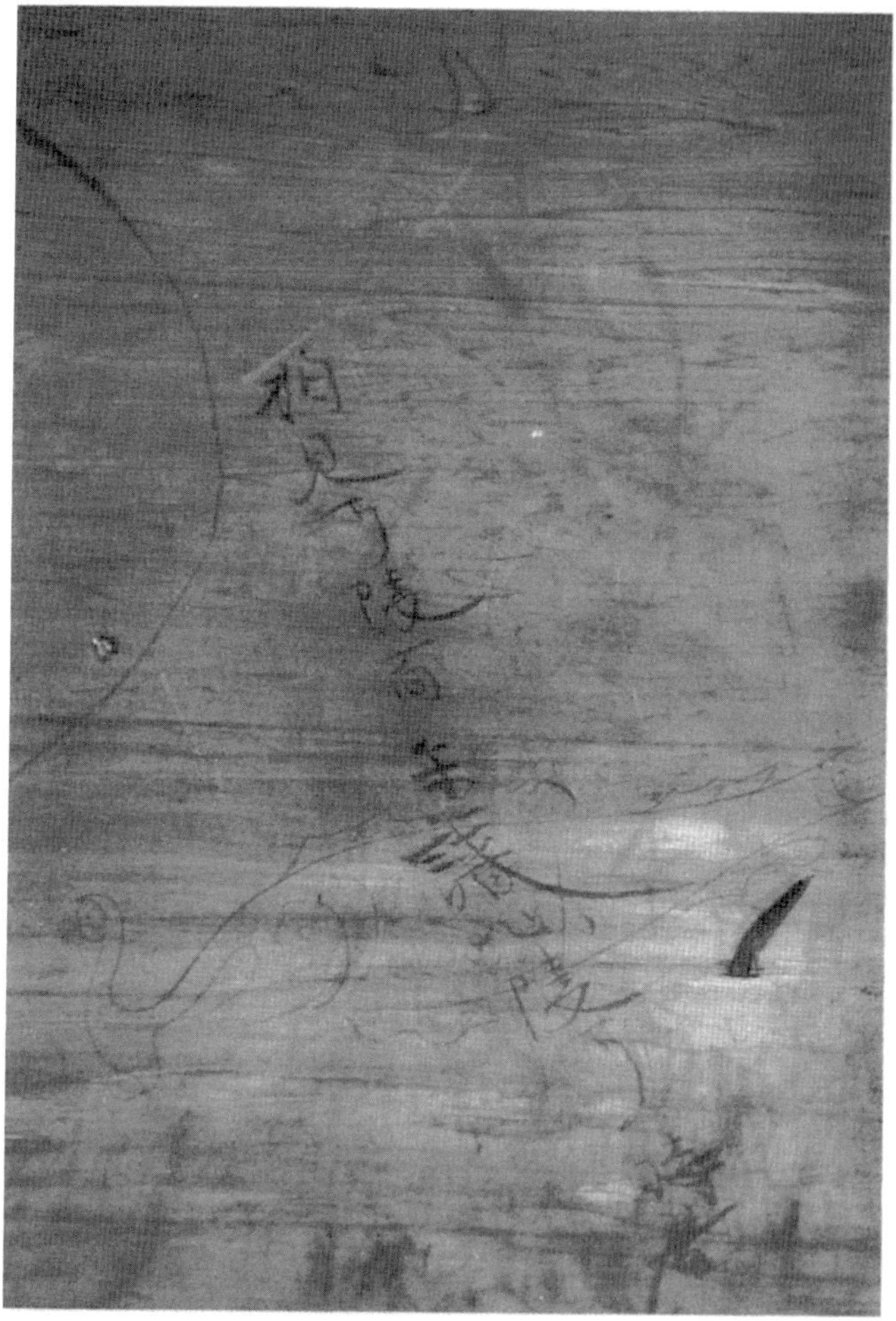

金堂釈迦三尊像台座裏の墨書

ます斑鳩宮造営年代にちかづいているのが実状であり、「太子は藤ノ木古墳の被葬者を知っていた」ということから、「太子は藤ノ木古墳の被葬者を意識して斑鳩宮や法隆寺を造営したのではないか」といった推論が許されそうな局面に近づいている。

釈迦三尊像台座裏の墨書

釈迦三尊像の二重宣字座の上座側（東側面）から平成元年（一九八九）に発見された墨書の一二文字の読み方については仏教学の中村元東京大学名誉教授や古代日本語学の稲岡耕二東京大学教授、文献学の鬼頭清明東洋大学教授などの専門家によって研究がすすめられた。

その結果、つぎのように読むのがよいのではないかという結論に達したのである。

相見丂陵面楽識心陵了時者（原文）

陵の面に相まみえよ。陵に葬られている死者の魂を鎮めるためには。

この文字の上下に描かれている絵については、奈良国立博物館の河原由雄学芸課長の調査によって、上部の左に「鳥」、下部の中央に「魚」が描かれていることが確認されている。しかも、同氏によれば、その絵は中国長沙の馬王堆古墳《まおうたいこふん》から出土した前漢代の帛画《はくが》にきわめて類似しているという。その帛画では太陽のなかの鳥が天上にいて、地下には魚がおり、中央には現世での被葬者の姿を描いているという。

この馬王堆の帛画と台座裏にある文字と絵を比較すると、その両者間に何か共通する「一つの世界観」が、存在するのではないかという見解が提起されている。いずれにしても、この墨書と絵にはきわめて意味深長なものがふくまれているように感じられる。

墨書と絵の年代

平成元年から三年にかけての総合調査によって、釈迦三尊像（推古三十一年〈六二三〉造顕）とその台座は、ほぼ同時期の製作であることがあきらかとなった。その主な理由としては、釈迦三尊像の光背《こうはい》と台座をうまくおさめようと削《けず》りあった工人たちの鏨《たがね》や鑿《のみ》のなまなましい工具の痕跡が随所にみられたことによる。

台座の調査を担当した人びとによると、それらの絵と文字は台座をつくる以前に記した可能性がたかいという。台座をつくったあとからでは、記すことができない箇所に文字と絵が書かれているからである。文字の書体についても、中国六朝時代の特徴が認められ、鬼頭氏は七世紀前半を下らないだろうとみている。わが国に現存する最も古い墨書の一つということになる。

なお、この台座の部材には何かほかの用途から転用した痕跡がみられる。しかも、台座の規模から推測すれば建物部材からの転用ということが考えられる。もし、そうであるとすれば太子が住まわれていた斑鳩宮か、薨去されたとする葦垣宮《あしがきのみや》の宮殿の一部をもって釈迦三尊像、すなわち太子と等身大の釈迦像が座られる台座をつくったということになる。しかし、現時点ではそれを立証するものは何も見当らない。ただ一つのロマンとしてわたしがひそかに胸に描いているにすぎない。けれども、そのような可能性が多分に秘められていることだけはたしかであり、今後の研究に大いなる期待がよせられている。

墨書が語る「陵」

「陵にねむる被葬者の魂を鎮めるためには、陵にお参りしなさい」という謎を秘めた内容の一二文字が語ろうとする陵《みささぎ》は、どこの誰を葬った陵なのか、という肝心の主語的な言葉が欠けているようにおもわれてならない。その陵について門脇禎二氏（元京都府立大学学長）は平成二年十月の『明日香風』のなかで、この一二文字について、つぎのような見解をのべている。

では、この墨書に記す「陵」とは、何れの陵墓でしょうか。

一つ強く主張されている説は、法隆寺の西方にある藤ノ木古墳で、その被葬者を蘇我馬子《うまこ》に暗殺された崇峻《すしゅん》天皇とみる説です。いろんな点で傾聴させられる説です。しかし、わたくしは、どうにもこの説が腑《ふ》に落ち切らないのです。というのは、元来この本尊はその光背の銘文によって聖徳太子の浄土往生を願って造られた仏像であり、台墨書が発見されたその台座も同時に製作されたことが明らかになりました。要は、台座の墨書も、本尊・台座の製作と聖徳太子への追慕とを切り離せない関係の中で理解すべきだと思うからです。当然、わたくしの理解では、陵は聖徳太子の陵墓＝科長山本陵（今の大阪府南河内郡太子町叡福寺境内の陵墓）になります。

これには、「識心《しきしん》」の理解の仕方も岐《わか》れめになるのではないでしょうか。つまり、誰の識心か、ということです。被葬者じしんの識心＝魂とみてそれが「陵」にしずまるのを楽《ねが》う時は……と解するか、それとも、「陵」の被葬者に対して追慕する心が仏教的に表現された識心とみて、釈迦像を製作した側のものと解するか、の違いです。わたくしは、今のところ、後者と理解しています。だから、被葬者に対する追慕の心が（造像でも充たされず）陵墓の造営と墓前祭祀の完了の時を似て充たされると楽う時は、直接に陵墓の前に行ってその面に〝相見えよ〟という意味ではないでしょうか。陵面には被葬者（聖徳太子）ゆかりの絵が張られていたかもしれません。

いわば、太子と等身に顕現した釈迦像への崇拝が主・表であり、墓前祭祀への敬畏の心が従・裏という関係になるわけで、だからこそ墨書は台座の裏に隠し記されていた、と思うのだ。要は、古墳造営は終末期を迎え、新たに寺院造営へと移っていく時代的変転の中での、揺れ動いた人の心の一端を示唆しているように思われてならない

（「蘇我氏物語」『明日香風』三六号）。

わたしも、この文字が解読されたころは釈迦三尊像＝聖徳太子という事実から、「太子の陵にお参りするように」と理解すべきであると考えたこともあったが、その意味を、かみしめれば、かみしめるほど、どうしても不自然なものを感じるようになった。

もし、太子を葬った陵をさしているとすれば、なぜ釈迦三尊像の光背にある銘文のなかに記さなかったのだろうか。どうして人目につかない台座の裏にひそかに記す必要があったのか。太子の陵に参拝をうながすものであれば、もっとオープンにすべきではないのか。などといった疑問が、つぎからつぎへとでてきたのである。

そうした見地から考えると、あえて人目につかない台座の裏に書いたということは何らかの深い意味をふくんでいるようにおもわれてならない。もし、そのような推理のもとに考えるならば、台座の裏に書かれている「陵」は法隆寺の近くにあって、すくなくとも十三世紀から「ミササキ」とよばれ、その南側には陵に附属する陵堂までが建てられている、藤ノ木古墳が大きくクローズアップされてくる。

その藤ノ木古墳の被葬者二人のうち、北側の人物は二〇歳代の男性で、玉纏太刀《たままきのたち》・銅製大帯・金銅製履《くつ》・金銅製冠《かんむり》など豪華な副葬品をともなっているにもかかわらず、その被葬者は殯《もがり》をおこなっていない可能性もあるといわれている。藤ノ木古墳が築造されたころは、社会的地位の高い人は必ず殯《もがり》をおこなうのが通例であったといわれており、この藤ノ木古墳の被葬者はきわめて不自然な埋葬状態であるという意見さえある。すくなくとも北側の被葬者は、何か突発的な不幸な事件で死亡し、しかも、何らかの理由から急いで埋葬したとする見解が有力である。

そのような、藤ノ木古墳の被葬者と、釈迦三尊像の台座にある墨書が語る言葉の内容とがあまりにも符合しすぎている。そのような理由から、急浮上してくる被葬者候補は、江戸初期から「法隆寺文書」に登場する「崇峻天皇御廟」説である。

さきにものべたように、崇峻天皇は五九二年に蘇我馬子によって暗殺され殯もされず即日葬ったと『日本書紀』に記載されている。そのとき、崇峻天皇は二〇歳代の後半であったとする見解がつよい。

そのようなことからも、『日本書紀』の記録と藤ノ木古墳の被葬者の状況、釈迦三尊像の台座の墨書の意味が適合しているようにおもわれてならない。とすれば、釈迦三尊像の台座の墨書が語る「陵」は、藤ノ木古墳の被葬者である、不幸な最期《さいご》を遂げた崇峻天皇の陵を指しているとみてよいのではなかろうか。

わたしは、陵の被葬者の魂を鎮めるように強く訴えている一二文字の言葉は、太子が近親者に語られた遺言であったと考えている。それが太子の遺言であったがゆえに、太子の姿を表現した釈迦三尊像の台座の裏にひそかに記したのではないかと想像したい。

墨書と聖徳太子

太子が推古三十年（六二二）に亡くなり、その翌年に釈迦三尊像が造られたころは、いまだ崇峻天皇の暗殺を命じた蘇我馬子が権勢を振るっており、それをはばかって人目にとまらないところに書きのこしたものとおもわれてならない。しかも、その一二文字のうちには、太子が維摩経義疏《ゆいまぎょうぎしょ》や勝鬘経義疏《しょうまんぎょうぎしょ》などでつかわれている「識心」という仏教用語がでてくることから、そのおもいをいっそう強くいだいている。

もし、わたしが推測しているように、この一二文字が聖徳太子の言葉であったとするならば、太子が斑鳩の地に宮殿を造営し、法隆寺を建立されたおおきな要因の一つに藤ノ木古墳の存在があったこととなり、法隆寺創建にまつわる一つの謎が解かれることとなる。そのような推論をもう一歩すすめるならば、太子がこの一二文字の言葉を話されていたことをしっていた人物である嫡子の山背大兄王《やましろのおおえのおう》が、ひそかに台座の裏に記したとは考えられないだろうか。

　このように、今回発見された一二文字の墨書が語る意味は太子が不幸な最期を遂げた陵の被葬者を末長く弔うようによびかけた太子の志《こころざし》、すなわち「崇峻天皇を鎮魂する言葉」であったとすれば、法隆寺をこの地に建立された理由の一つが解明されたこととなり、日本の古代史上に大きな一石を投じることとなる。

　しかし、皇極二年（六四三）に崇峻天皇と同じような悲劇が、上宮王家のうえにもおそいかかり、太子の言葉が台座の裏に書かれている事実をしっていた太子の一族が滅びてからは、その墨書の存在も忘れ去られてしまったのであろう。そのような理由から、斑鳩に宮をおこし、法隆寺を建立された太子の本意が伝わらないまま現在にいたったために、法隆寺は謎のおおい寺の代名詞のようにいわれているのではないだろうか。

　いずれにしても、この一二文字は法隆寺の研究史上、世紀的な発見であり、この墨書をめぐる今後の研究の成果に大いなる期待がもたれている。

創建と再建の鍵

藤ノ木古墳と創建法隆寺

わたしは、藤ノ木古墳の被葬者論争がはじまったころから、創建法隆寺（若草伽藍）と藤ノ木古墳は何かの糸のようなもので結ばれているのではないか、と考えたことがあった。それは聖徳太子が、「藤ノ木古墳の被葬者をしっていた」とする見解による。

創建法隆寺とは、推古十五年（六〇七）に太子が建立された最初の法隆寺のことをいう。その寺地はかつて花園と呼ばれた地域（現在の普門院や実相院の裏側）にあり、その伽藍は天智九年（六七〇）に焼失したと『日本書紀』は伝えている。その創建法隆寺と藤ノ木古墳は、ほぼ同時代（二〇〜三〇年の差をふくむ）に造られたものと考えられる。いずれにしても太子が、斑鳩に宮殿を造営する前後の時代である。

しかも、創建法隆寺と藤ノ木古墳にはさまれた地には、「陵道」とか「古門」とよばれる字名もあり、両者は一つの地割《ちわり》のなかにおさまっているように感じさせるものがある。そのようなことから、わたしは地図の上で両者を検討することとなった。わたしが、その作業を直接におこなえば無意識のうちに無理に両者を関係づけてしまうおそれも生じるので、自分ではタッチしないほうがよいと考え、それを第三者である法隆寺昭和資財帳編纂所に図面上の計測を依頼することとした。

そのときわたしが指示した調査の条件は、創建法隆寺の中心線と藤ノ木古墳の中心との距離などをはかってほしいというものであった。早速、わたしの指示にしたがって計測してもらったところ、藤ノ木古墳と創建法隆寺は同じ地割の上にのっている、というのである。

そこでその作業をさらに前進させて、最近おこなわれた境内防災工事の事前発掘によって発見された創建法隆寺の北限の柵列を図面の上で西に延長したところ、そこに藤ノ木古墳が位置することが判明したのである。さらに創建法隆寺の北限の柵列に求められる伽藍の中心線と、古墳の距離を計測したところ高麗尺《こまじゃく》で一八〇〇尺あることがわかった。高麗尺とは高句麗《こうくり》から伝わった尺のことで、大宝令によって唐尺が採用されるまで用いられたとみられる。この尺は若草伽藍にも、現法隆寺の伽藍造営にも使用されている。ちなみに高麗尺の一尺は三五・三センチである。

古代の斑鳩の地割は、この高麗尺三〇〇尺四方を一区画の単位としたといわれており、両者の間にある一八〇〇尺は、ちょうど六区画に相当することがわかった。その結果、藤ノ木古墳の造営から二〇〜三〇年後（もっと近いかもしれない）に斑鳩宮や創建法隆寺が造られるときには、この古い条里にのっている藤ノ木古墳が基点の一つとなったことが考えられる。

そのようなことから、藤ノ木古墳の位置が、斑鳩宮や創建法隆寺の建立にあたって一つのポイントとなっていた可能性がきわめてたかくなった。

先にのべたように、藤ノ木古墳には太子の伯父である崇峻《すしゅん》天皇と穴穂《あなほ》部《べ》皇子を葬り、聖徳太子がその葬儀委員長をつとめた可能性がかなりたかい。

藤ノ木古墳と御坊山古墳群

おそらく、太子は用明二年（五八七）の物部守屋《もののべのもりや》との戦いのあと、交通の要所であった斑鳩の地域をその手中におさめ、すでに築造されつつあった藤ノ木古墳にその悲劇の二

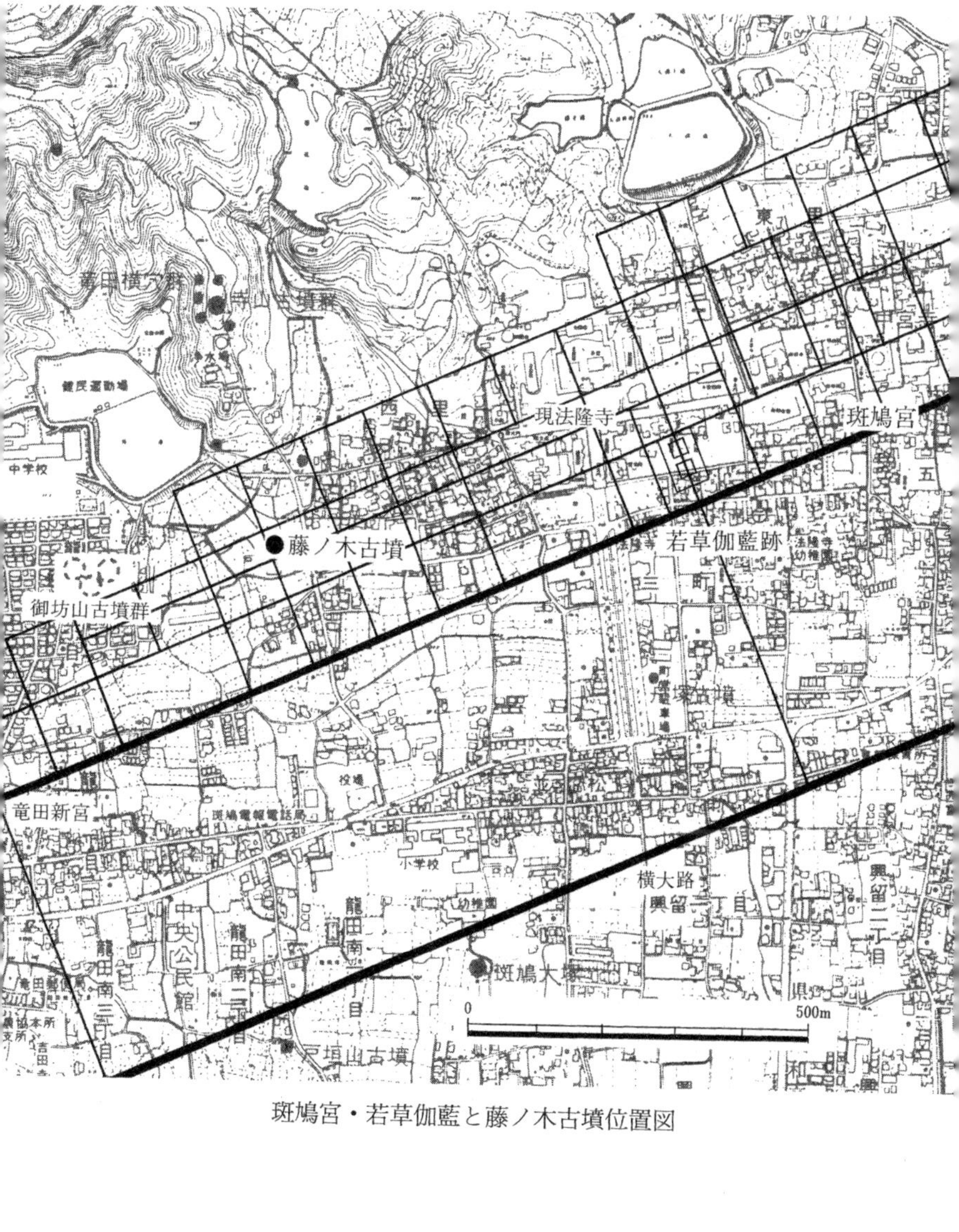

斑鳩宮・若草伽藍と藤ノ木古墳位置図

人を葬って、その鎮魂を願い手厚く供養されたにちがいない。太子はそのような悲劇がふたたびおこらないことを祈るとともに、その地に理想郷を建設されたのである。しかも、その理想郷づくりのために新しい地割を定め、藤ノ木古墳を拠点として斑鳩宮や葦垣宮《あしがきのみや》などの宮殿や、法隆寺などの寺院を配置し造営されたのではなかったか。

とくに創建法隆寺は、用明天皇の菩提《ぼだい》を祈る目的で造営された寺院であると薬師如来坐像の光背銘に明記している。しかし、その縁起は表向きの理由である。わたしはその裏面には太子の崇峻天皇への供養の気持が秘められていたと考えたい。

そのように推測すれば、さきに紹介した釈迦三尊像の台座裏に書かれていた「崇峻天皇陵に参拝をしなさい、天皇の魂が鎮まるためには」という墨書の意味も理解できる。

そのような、わたしの推理を進めると太子は、早くして崩御《ほうぎょ》された父の用明天皇と悲劇の主人公である崇峻天皇の鎮魂を願って、法隆寺を創建されたという結論に達するのである。

さらに、これと同じようなことは四天王寺にもいえる。それは、太子が物部守屋を供養するために造営されたという四天王寺の西方に存在する堀越神社にも、崇峻天皇が祭ってあるということである。これは法隆寺と藤ノ木古墳と同じ位置関係にあたることになる。

その事実からしても、聖徳太子と崇峻天皇を無縁とみることはどうしてもできないのである。しかし、皇極二年（六四三）に聖徳太子が心の奥深くに秘められていた気持ちをしっていた上宮王家の人びとが、ことごとく滅亡したため、法隆寺を造営した太子の真の目的が伝わらなくなったと理解したい。そのため法隆寺創建の真相が謎となってしまったのではないだろうか。

その五年後の大化四年（六四八）に、朝廷から法隆寺へ施入された食封《じきふ》が太子の一族を滅亡させた贖罪《しょくざい》を意味するものであれば、その食封をもって、かならずその供養を願う施設を造ったはずである。

その一つが法隆寺の西方にある竜田新宮である。その竜田新宮は孝徳天皇の時代（六四五〜五五）に造られたと伝えている。また、竜田新宮の後方に位置する丘陵上に、七世紀代に造られた御坊山古墳群《ごぼうやまこふんぐん》がある。この古墳の一基からは若い男性の遺体とともに、琥珀製の枕やガラスの軸の筆、三彩の硯など当時の第一級品の文物が出土し、皇族クラスの人物の墓であるといわれている。そしてあきらかに、御坊山古墳群に葬られている太子の一族の鎮魂を願った施設として竜田新宮がつくられたと断言してよい。

なぜならば、太子の一族が滅亡して数年後の、混乱状態にあった斑鳩の地にわざわざ竜田神社の新宮を御坊山古墳群の南面に造る必要性が、まったく見出せないということからである。そのように考えれば御坊山古墳群には、皇極二年に悲惨な最後を遂げた山背大《やましろのおお》兄王《えのおう》をはじめとする太子の一族が埋葬されているという結論に到達する。

一方、近年、法隆寺の再建非再建論争に関して前奈良国立文化財研究所の鈴木嘉吉所長から、注目すべき学説が提起された。

法隆寺伽藍縁起幷流記資財帳によると、大化四年（六四八）に宣命《せんみよう》を受けた許勢徳《こせのとく》陀古《だこ》が法隆寺に食封《じきふ》三百戸を施入している。

彼は皇極二年に、入鹿の命を受けて斑鳩宮を焼き打ちにした張本人である。□□天皇が……という表現をしないでわざわざ徳陀古を特記しているのは、寺側になにかそれなりのメモリーがあったと思われる。

すなわち、贖罪《しよくざい》の気持ちがあって（食封を）施入したことを裏づけているとはいえまいか。

しかも、その用途を考えれば、（斑鳩宮から）救いだされた釈迦三尊像を祀《まつ》るべきではないかということになろう。さりとて寄付を受けた斑鳩寺（若草伽藍）としても、一族を殺害した人間の願いは素直には受け入れ難い。それが「寺地を定めえず」となって結局、十年ほどした斉明朝（六五五〜六六一）あたりになって、寺域の外の西北の斜面に、とりあえず金堂だけを造りはじめたのではないか。ここは現講堂背後の崖に瓦窯《がよう》らしい遺跡が発見されていて、もともと斑鳩寺の附属地であったらしい。

しかし、それほど豊かでもないから、なかなか完成しない。そのうち天智九年となり、本寺若草伽藍が焼亡した。本来ならば本寺の焼跡に再建するのだが、たまたま斜面に造りつつある金堂があるので、そこを削平して寺地と定めたと考えることができる。

そこでは塔と金堂を横に並列する白鳳時代に流行した新しい伽藍形式を採用して、塔と金堂を脇に建立しはじめる。金堂はほぼ完成に近づくが、天武八年に食封が停止されて、五重塔は造りかけて中断してしまった。

五重塔の柱に風蝕の跡が残っていることも、このように考えれば理解できる。金堂のほうは寺の仕事として細々と作業が続けられて、資財帳にある持統七年（六九三）に仁王会《にんのうえ》が行なわれたときには完成をみたであろう。

五重塔は中断のままであったが、それも和銅に至って完成するという筋書はどうであろうか。

寺が焼ければ同じ場所で復興するのがふつうであるのだが、現在の地に、すでに先行投資がなされていたために、若草伽藍跡はそのままになったのではないかと考える。先行投資をした主たる理由は釈迦三尊像であるとすれば納得できよう。

若草伽藍と現西院伽藍の方位の異なる問題は、西院伽藍が丘陵の先端を利用した自然地形に合せたためと考えられる。

建築家の本音としては、法起寺三重塔・法隆寺五重塔・金堂という三つを並べてみると金堂再建が天智九年の焼亡から始めたのでは、その三つが様式上納まりにくい、ということから始まっているのであるが、それが最新の科学的分析による年輪年代の測定からも裏づけられそうな気がする。とすれば、その背景を憶測すると以上のようなことが考えられるのである（『伊珂留我《いかるが》』六）。

この鈴木説によれば、斑鳩宮から救いだされた釈迦三尊像を安置する施設である現在の金堂は上宮王家滅亡の贖罪の意味を込めて造営がはじめられたとする。しかも、その造営途中の天智九年に創建法隆寺が焼失するといった大惨事がおこったのである。そこで、その再建にあたって、すでに造営がはじまっていた現在の金堂を中心として、法隆寺を再建したとみるのである。この鈴木説によって、なぜ創建法隆寺の跡地に再建しなかったのか、という大きな謎も一挙に解決する。そうすると再建法隆寺は、太子の一族に対する贖罪のために、御坊山古墳群を意識して、より丘陵沿いにその造営場所が決められたということになる。

このように考えれば、藤ノ木古墳を基点として法隆寺が創建され、御坊山古墳群を基点として法隆寺が再建されたということになる。いいかえれば崇峻天皇を供養する目的をもって法隆寺を創建し、太子とその一族を供養するために法隆寺が再建されたという結論に到達する。

しかし、法隆寺は再建されたころから官寺の性格をつよめ、奈良時代の末期には鎮護《ちんご》国家《こっか》を祈願する七大寺や十大寺の一つに数えられ、創建や再建の目的からはかけはなれた性格の寺院へとしだいに移行していった。

このように、わたしは藤ノ木古墳や御坊山古墳群の被葬者から、「法隆寺の創建と再建にかかわる謎解き」に挑戦したのであったが、それはあくまでも一つの仮説にすぎない。ただ、最後に藤ノ木古墳と御坊山古墳群という二つの古墳が法隆寺の創建と再建の謎を解明するおおきな鍵を握っているであろうことをここに提起しておきたい。

釈迦三尊像・阿弥陀坐像台座の謎

法隆寺金堂の中尊である釈迦三尊像の二重宣字座の上座の裏面から発見された一二文字の墨書につづいて、平成三年新たに下段の台脚部裏から墨絵の天部像《てんぶぞう》と数種類の墨書が発見された。

釈迦三尊像台座と斑鳩宮

天部像は台脚部の裏側に墨で描かれており、それは下座の東面の鏡板《かがみいた》に描かれている天部像の下絵と考えられている。また、台脚部の部材にのこされていた「辛巳歳八月九月作□□□」「辛」「留保分七段　書屋一段　尻官三段　御支□三段」「福費二段」などの墨書は、上宮王家の内部組織を示す語義の一部であり、辛巳歳は六二一年とみる見解が有力である。

これらの墨書は、この台座がつくられたときか、あるいはそれ以前のものと考えられる。

この台座の造顕年代については、従来から釈迦三尊像の造顕と同時のものとする意見がほぼ定着している。「奈良六大寺大観」の『法隆寺』「釈迦三尊像」において、つぎのように記している。

まず、中ノ間の台座は、形式・比例ともに釈迦三尊像の台座としてふさわしいとみることができる。文様絵画手法の古態を示す点からしても、本尊の造立時（推古三十一年、六二三）ととくに異なる時期の製作と考えなければならない根拠は認められない。しかし、法隆寺再建非再建問題に関連して一部の学者には天智九年（六七〇）の火災以後に造顕したものとする見解もあった。

ところが、昭和五十八年の奈良国立博物館による総合調査と、今回の奈良国立博物館と奈良国立文化財研究所をはじめとする昭和資財帳総合調査の結果、釈迦三尊像が造顕された推古三十一年（六二三）に一具として作られたものとすることでほぼ意見の一致をみるにいたった。

この台座が六二三年のものとなれば、さきに発見された一二文字の墨書と絵画はもちろんのこと、今回、発見された天部像と墨書も、そのときのものであることが決定したこととなる。しかも、この下座の台脚部の部材が、何かの建物の部材を転用していることがあきらかとなったのである。

それについて奈良国立文化財研究所によって精査された結果、現存している法隆寺の東《ひがし》室《むろ》に匹敵する規模の扉周りの部材であることが判明した。少なくとも寺院の堂塔の部材ではないことはたしかなようである。

その調査結果をふまえて転用される以前の建物を推定するならば、六二三年の時点において部材を転用できる僧房の存在を求めることはむずかしい。僧房に近い規模の建物とは一体、何であったか、ということが問題になる。当然のことながら、当時の社会的地位の高い人物の住居が考えられる。ということになれば、必然的に宮殿とみることが可能となる。もし宮殿の部材とすると、斑鳩という地域性からみて斑鳩宮が有力視されよう。聖徳太子は釈迦三尊像がつくられた年（六二三）の前年に亡くなられているが、斑鳩宮で薨去されたとするならば、その太子ゆかりの住まいの一部を台座に用いることがふさわしいと考えたのではないだろうか。

わたしは、太子そのものである釈迦三尊像を安置する台座の用材に太子が薨去された宮殿の部材を使用することによって、いっそうその釈迦三尊像が生身の太子そのものと考える思想があったように思われてならない。そのような信仰が「当《まさ》に釈像の尺寸王の身なるを造るべし」という釈迦三尊像の光背銘となったと考えたい。

そのような理由から、どうしても、わたしは斑鳩宮の転用材説をすてがたいのである。すてがたいというよりも、むしろそれを信じたいというのがわたしの偽らざる心境であることを強調しておきたい。

今後、それらが解読され、多方面からの議論が展開されることを期待したい。とくに、今回、転用材から再現したもとの建物の「柱」の直径が四二センチであり、昭和五十八年九月に斑鳩に隣接する平群町《へぐりちょう》の西宮《にしのみや》で発掘された七世紀はじめの掘立柱の建物遺構（脇殿的なものとみられている）に使用されていた柱根も直径が四二センチであったことが確認されている。そのようなことから、この転用材も西宮遺跡と同規模的な建物であった可能性をうかがわせていることを特記しておきたい。

阿弥陀坐像台座と中宮寺弥勒菩薩

現在、金堂の西座の本尊として安置している阿弥陀如来坐像は鎌倉時代に造顕されたものであるが、その由来を光背に次のように記している。もとあった阿弥陀像が承徳年中（一〇九七〜九九）に盗難にあったため、寺僧たちは一〇〇年余りのあいだ、須弥座《しゅみざ》だけがむなしくのこされているのをみて悲嘆にくれていた。その後、寛喜三年（一二三一）にいたって範円別当が、その再興を発願し、ついに貞永元年（一二三二）八月五日に造立したというのである。ところが、それ以前の阿弥陀如来像が承徳年中に盗難にあったとする記録はこの光背銘のほかにはまったく見出すことができない。

この承徳年中にさきだつ、承暦二年（一〇七八）には中尊の釈迦三尊像の左右に多聞天像と吉祥天像が新造され、そのころ金堂に安置されていた仏像や仏具のことを記録した目録がつくられている。それには、盗難前の阿弥陀如来像が安置されているべきはずの場所には小仏一八体があったとされている。しかし、どうしたことか阿弥陀如来像とその台座の存在については何の記載もない。もし、承徳年中の盗難のことが史実であるとすれば、その場所に阿弥陀如来の存在を明記していなければならない。そのように考えるとますます承徳年中の盗難のことは疑わしくなる。

この件については「奈良六大寺大観」の『法隆寺』「阿弥陀如来坐像」につぎのような解説がみられる。

おそらく、盗難のことがあったとすれば、今日みるような大ぶりの阿弥陀像の事故ではなくて、小金銅仏のたぐいが難にあったものと考えられる。それはともあれ、今日の規模のごとく、さながら中央および東ノ間の如来像に倣って、阿弥陀如来が堂内に安置されるにいたったのは、銘文にいう康勝作の像が造立されるにおよんでのことと解してよいのではあるまいか。ただ、この阿弥陀像でも二重に重ねる下段分の宣字座は古く、しかもこの頭上の天蓋もまた他の古像分に似た古いものであることを考えると、元来この西ノ間にどのような規模の像が置かれていたのか、そもそもこの金堂内当初の諸尊の布置についての疑問が生ずるが、この西ノ間に関する限り、確固たる答は生れにくい。

このことからもわかるように現在のような金堂内陣の諸尊の配置については、以前から疑問視されていたのである。それに関する私見をのべるにあたって阿弥陀の台座の年代についてふれておくこととしたい。その年代については「奈良六大寺大観」の『法隆寺』「金堂釈迦三尊像」の項に、つぎのようにのべている。

この台座（釈迦三尊像　六二三年）を基準として考える時、東ノ間薬師像下座と西ノ間阿弥陀像下座とは、小異を捨てれば作風ほぼ等しく製作年代も同時または相近いと考えられる。そして、この二座を釈迦三尊像台座に対してややおくれての製作とする時、当然天智九年（六七〇）以後のものと考え得るかどうかが問題になろう。

ところが、今回の台座の総合調査によって阿弥陀像台座と薬師像台座はともに釈迦三尊像台座にややおくれるものの、七世紀中ごろをくだるものではないという結論に達したのである。

すなわち、太子一族の滅亡のあと大化四年（六四八）に、法隆寺に対して食封《じきょ》が施入されたころに造顕された可能性がでてきたのである。それでは、以下に疑問点をあげながら、その謎を解いていこう。

(1)金堂は、釈迦三尊像のみを安置する殿堂であったのではないか。

(2)金堂の釈迦三尊像の左右と北裏には、太子の遺愛の品々が安置されていたのではないか。そのために須弥壇の中央よりも前方に釈迦三尊像を安置し、その後方などに太子の遺愛の品々などを安置する計画のもとに金堂がつくられたのではなかったか。

(3)東座の薬師如来坐像は金堂の造立途中か、造立直後に何らかの理由によって急遽、東座に安置されることとなったのではないだろうか。たとえば、他の殿堂から移されたとか、釈迦三尊光背などに記された縁起にかなうように新造されたことが考えられる。もし、薬師如来坐像が金堂の造立当初からの計画にあったとすれば、天蓋《てんがい》の吊《つ》りかたがきわめて不自然なものに思われる。ドーム状につくられた金堂内陣の天井に対して、天蓋が大きすぎるためか、天蓋を吊る金具が天井側面の支輪からひかれていることが不可解である。

(4)太子の遺品は、天平年間に上宮王院が建立されたときに金堂から上宮王院へ移されたと考えたい。天平十九年（七四七）の『法隆寺資財帳』にはまったく太子の遺品とみられるものの記載がない。

(5)太子の遺品が、上宮王院へ移されたために釈迦三尊像の後方などには、相当の空白の箇所が生じたはずである。そのため承暦二年（一〇七八）に橘寺から移された仏像などが金堂のその空間に安置されたのではないだろうか。かつてからの太子の遺品などの宝物を収納していたとする慣例を踏襲したものとは考えられないだろうか。

(6)阿弥陀如来坐像の台座のことは、「金堂日記」にも記載がなく、承徳年中の盗難事件も疑わしいことから、その台座はほかの寺から移されてきた可能性がきわめてたかいということになる。もし、わたしが推測するようにほかの寺から移納されたものとすれば、阿弥陀如来坐像の光背銘文にある貞永元年（一二三二）より、一〇〇年余り以前の十一世紀から十二世紀のころが考えられる。かつて台座が存在した寺院は橘寺など法隆寺と太子を通じて深いつながりがあり、そのころに十一世紀から十二世紀にかけて衰微した寺院ということになる。

(7)阿弥陀如来坐像の台座のおおきさは須弥壇の規模とのバランスからみても不自然である。どのように考えても金堂造立当初からの計画にもとづくものと考えられない。

(8)寛喜二年（一二三〇）ごろに法隆寺の再興事業が活発となり、その一環として金堂の西座に置かれている台座の本尊を造顕することとなったのではないか。ちょうどそのころ太子信仰の振興にともなって太子の母である間人皇后《はしひとこうごう》を阿弥陀の化身《けしん》と信じ、太子の墓所である磯長《しなが》の御廟《ごびょう》を「三骨一廟《さんこついちびょう》」と称するようになった。中央に阿弥陀の化身とする間人皇后、左右には観音の化身とする太子と勢至の化身とする太子の最愛の妃である膳大郎女《かしわでのおおいらつめ》の三人を祀る御廟であるといわれるようになった。そのような信仰の影響を受けて、間人皇后のためとする阿弥陀如来坐像が造顕されるようになったのではなかろうか。

(9)その阿弥陀如来坐像の台座が古いものであることから、古くから存在していた阿弥陀如来坐像が承徳年中に盗難にあったという伝説が付加された可能性が強い。

(10)そのような伝説を、いっそう信憑性のたかいものとするために、阿弥陀如来坐像が造顕された翌年に天蓋《てんがい》が新調されているのである。しかも、その天蓋は阿弥陀のものとはせずに、薬師如来坐像の天蓋としているところが非常に作意的である。新調された天蓋の墨書銘には、「聖徳太子が薨去《こうきょ》されたあと、天蓋が落下して形も留めないまでに破損していたため天福元年のころに金堂の別当であった隆詮が天蓋を新調して懸けた」と記されている。

⑾しかし、不可解なことに「法隆寺別当記」には阿弥陀を造顕したことを記載しながら、天蓋のことは何もふれていないことである。その点においてもいっそう不信が深まる。それについて、わたしはもともと阿弥陀の台座には天蓋はなく、薬師如来坐像に附属していた天蓋を阿弥陀が造顕されたときに薬師から阿弥陀に移し、いかにも阿弥陀が古くから存在していたかのようなカモフラージュをしたのではないだろうかと考える。以上のようなことから、古くから釈迦や阿弥陀には天蓋が存在していたことを暗示しながら、薬師の天蓋は落下して破損していたために、隆詮が天蓋を新調したとする銘文には、きわめて不自然なものを感じさせる。しかも、阿弥陀が造顕された翌年に薬師の天蓋を新調していることはいかにも作意的である。

そのようなことから、わたしは阿弥陀の台座は他所からうつされたもので、法隆寺の金堂本来のものではなく、もしかすると中宮寺において本尊の弥勒菩薩像《みろくぼさつぞう》が安置されていたのではないかという仮説をひそかにいだいていたのである。その仮説は、中宮寺が荒廃したときに法隆寺へ仏像や仏具が移納されたとする伝承にもとづいたものである。
江戸時代の法隆寺の歴史史料として知られている『古今一陽集』の「東之部　伝法堂」の条に、つぎのような記録がみられる。

本尊金色阿弥陀像（有上中品）弥勒《みろく》普賢《ふげん》延命《えんめい》等古仏数体私云う、古老の曰く仏頂に華蓋《かがい》を覆《おお》えり。此の蓋は中宮寺伽藍の蓋なりと。其の外古仏余多これあり。彼の尼寺荒廃のとき、本寺たるによって、当寺に移し容るなり。

これによって中宮寺が荒廃したときに、天蓋や古仏などが法隆寺へ移された可能性がうかがわれる。
記録によると、中宮寺が荒廃した時期は十二世紀と十四、五世紀の二期に大別される。とくに、十二世紀には「中宮寺」銘をもつ梵鐘《ぼんしょう》が法隆寺へ移され、応保三年（一一六三）にはその梵鐘をおさめる東院鐘楼を造立している。これによって中宮寺の荒廃にともなって、梵鐘や仏像・仏具などが法隆寺に移され、そのなかに阿弥陀の台座もふくまれている可能性が一段とたかくなる。ちょうど、金堂の西壇に阿弥陀の台座の存在が現われてくるのも、その時期と符合する。

阿弥陀坐像台座と中宮寺弥勒菩薩

そのような諸条件から考察すると、十二世紀ごろに阿弥陀の台座が中宮寺から法隆寺金堂の西座に移納され、その伝来過程がわからなくなった十三世紀のはじめになって、太子信仰の高揚と法隆寺の復興の一環として、間人皇后のために造顕された阿弥陀如来像が、承徳年中に盗難にあったとする伝説がつくられたのではないかとおもわれてならない。しかし、これはあくまでも法隆寺と中宮寺の寺史からみた、私見にほかならない。

その一つの仮説をもとに中宮寺当局の協力を得て、弥勒菩薩像（中宮寺の寺伝では如意輪観音）のお身代わりの像（中宮寺本尊の模像）を阿弥陀の台座に安置することとなった。すると、わたしの仮説を裏付けるかのように、弥勒菩薩像と阿弥陀の台座のバランスがいかにもあつらえたもののように一致したのである。

とくに注目されたのは、阿弥陀の台座の天板に認められる円形に漆を塗りのこした痕と弥勒菩薩像の裳懸座《もかけざ》にあたる円形座の直径がほぼ一致したことである。そのようなことからも、十一世紀ごろまでは現在の法隆寺金堂の西座にある阿弥陀の台座は中宮寺にあり、弥勒菩薩像が安置されていた可能性が一段とたかまったといえる。

しかし、それを確定するには弥勒菩薩像と台座の様式上における比較研究など大きなハードルがあることはいうまでもない。

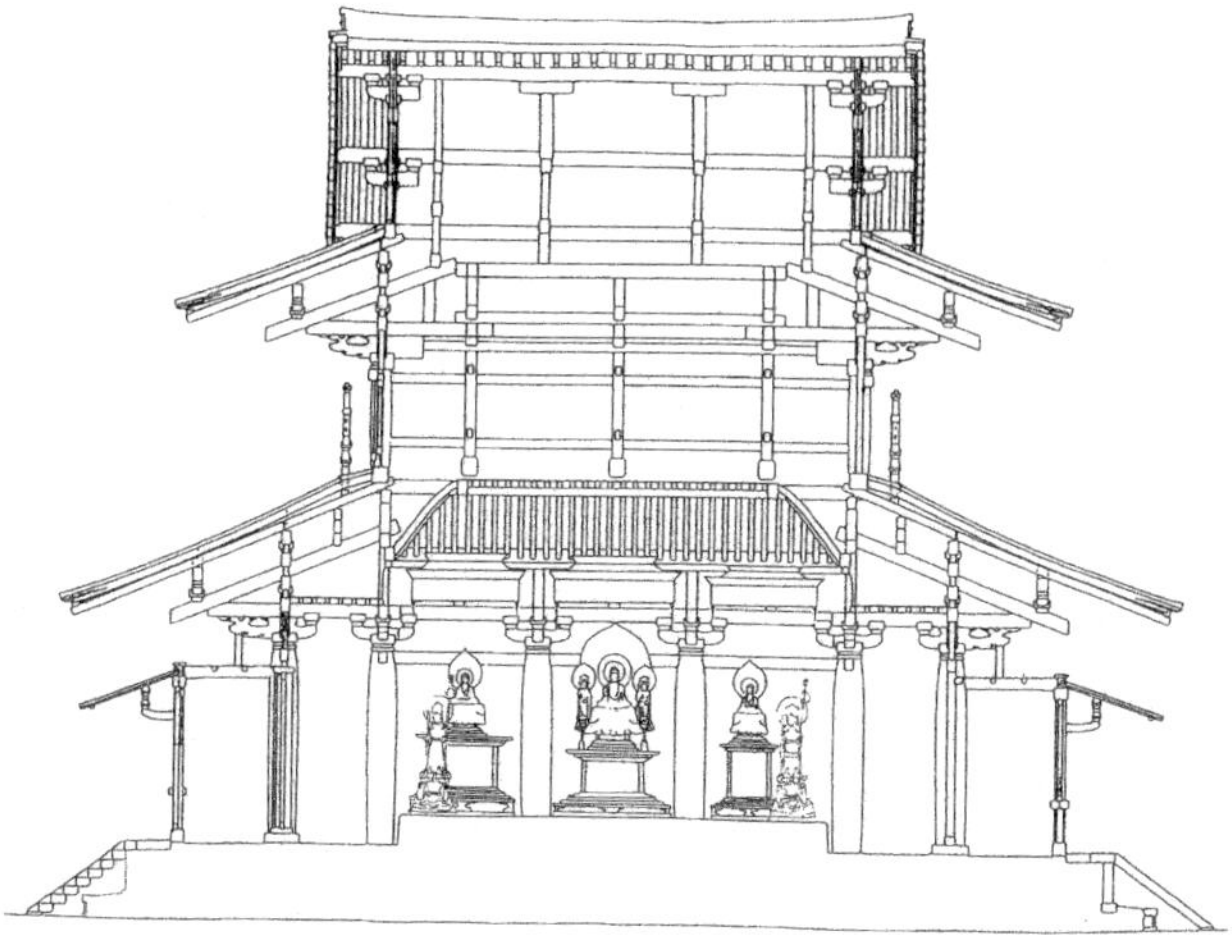

金堂内部の仏像配置図

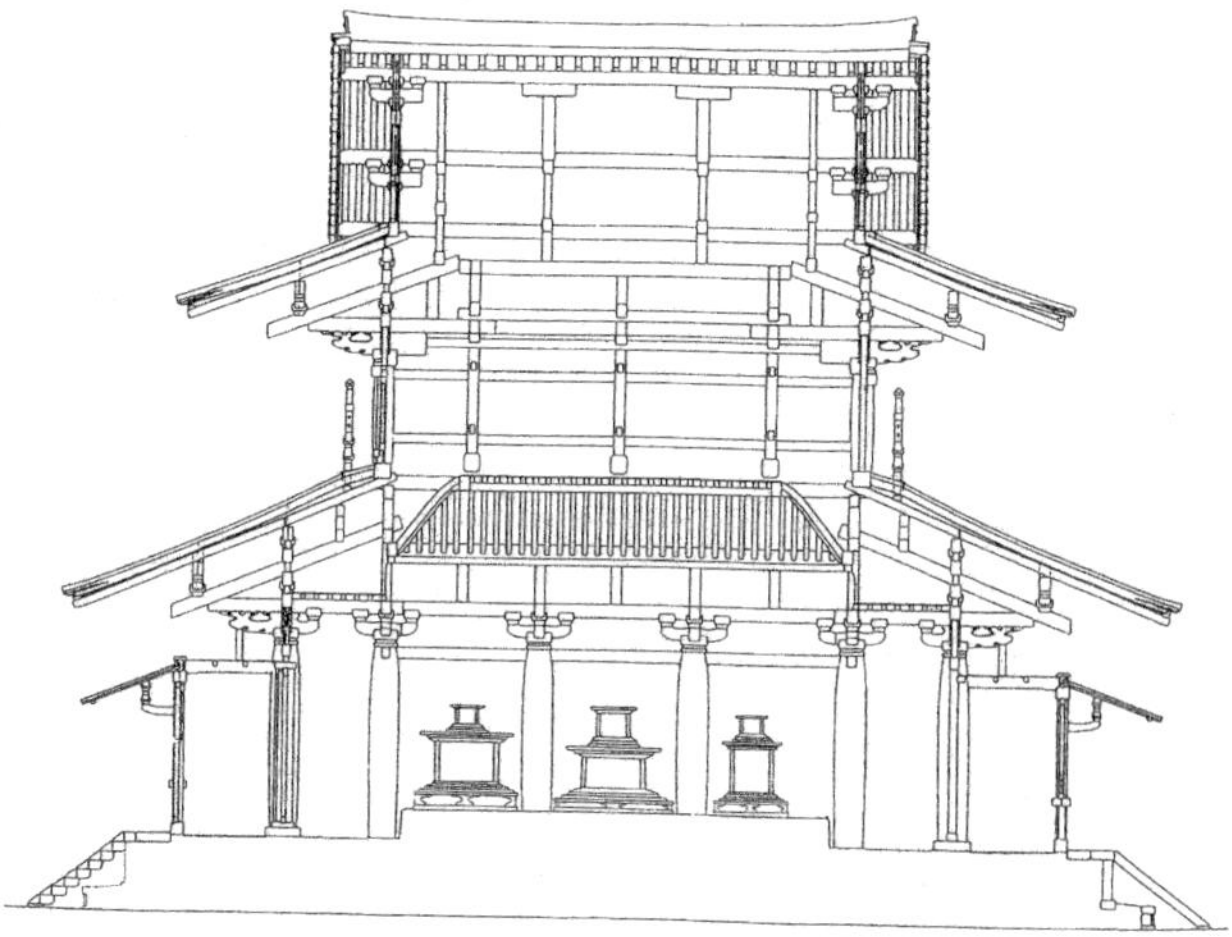

金堂内部の台座配置図

ここに一つの問題提起をおこなうことによって、法隆寺金堂の本尊が釈迦三尊像と薬師如来像・阿弥陀如来像の三本尊を想定して計画されたものか、あるいは釈迦三尊像の一本尊を安置するものであったのか、という法隆寺の根本問題が解明されることに、おおいなる期待をいだいているのである。

昭和資財帳編纂への道

資財帳の意義

法隆寺は、推古天皇と聖徳太子によって創立された仏教寺院としてしられている。

資財帳とは

その法隆寺には、一三〇点を超える国宝と二〇〇〇点以上の重要文化財をはじめ数万点におよぶ仏教美術品が伝えられており、日本のみならず世界的にも屈指の文化遺産として注目されている。

これまでもふれてきたが、法隆寺では、昭和五十六年（一九八一）からこうしたおおくの文化遺産を総合的に調査し、後世に伝えるための台帳、いわゆる『法隆寺昭和資財帳』の編纂をおこなってきた。

いうまでもなく資財帳とは財産目録のことである。かつて奈良時代の天平十九年（七四七）には、法隆寺の縁起と財産目録を朝廷へ提出したことがあった。『天平十九年勘録《かんろく》法隆寺伽藍《がらん》縁起《えんぎ》并《ならびに》流記《るき》資財帳《しざいちょう》』である。それには法隆寺が創建された由来と、所有していた建物（堂塔）・仏像・仏画・仏具・日常用具および領地などの全財産が克明に記されている。しかし、これ以後に本格的な資財帳を編纂したという記録はない。重要な堂塔ごとの什物目録はつくられることはあっても、法隆寺全体の総目録はつくられていないのである。

とくに仏教寺院が廃仏毀釈によって大打撃を受けた明治初年には寺院の宝物が破壊されたり、流失することがたびたびおこなわれている。そのような苦難に直面した寺僧たちが聖徳太子以来の大切な寺宝をどのようにしてまもるべきか苦慮していたことはいうまでもない。

ちょうど、そのころ西洋の学問や新しい文化を吸収することに積極的に取り組んでいた明治新政府は、わが国固有の優れた文化価値を見直すことに懸命となっており、その一環として「博物館」を創立することを計画していた。

そのような情勢に対して、法隆寺の寺僧たちは太子信仰の象徴として大切にまもってきた寺宝を、散佚することなく後世へ伝えることを願って、皇室への宝物献上を決意したのであった。

寺宝の整理

明治十一年（一八七八）に法隆寺の重要な寺宝三二二件の献納を決定し、その献納によって法隆寺にのこった寺宝の大部分は移動不可能な堂塔に附属する宝物ばかりとなった。そこで法隆寺では早速、献納によって空白となった寺宝の補充を計画した。寺僧たちの所有物をはじめ近郊に散在していた法隆寺にゆかりのふかい古器や古画類の寄附を求めたり、それを購入することに懸命になっている。

しかも、天平の古式にならって「明治の資財帳」を編纂することを計画していたが、残念ながらそれを実現するまでにはいたらなかった。それは明治中期から大正をへて昭和にいたる約一〇〇年間が法隆寺の再興と堂塔の修理に懸命となった時代であり、寺宝の整理に着手するだけの余裕がなかったというのが実状である。

しかし、昭和五十年代の中ごろにほぼ堂塔の修理も一段落したこともあり、いよいよ念願の寺宝を整理する時期が到来した。

そのような経緯のもとに昭和五十六年から太田博太郎先生（東京大学名誉教授）を委員

長とする「法隆寺昭和資財帳編集委員会」を組織して、その編纂にとりくむこととなったのである。

資財帳調査の実態と今後の課題

調査の実態

法隆寺の境内には、数おおくの建物が存在することはひろくしられている。とくに、法隆寺の寺務所がおかれている本坊の倉庫をはじめ、かつて子院に附属していた土蔵などにはおびただしい数の什器《じゅうき》が眠っていた。

わたしは子供のころからそれらの建物のなかに入っては刀や鉄砲（西円堂奉納品）などをみつけて遊んだ懐かしい思い出がある。また、そのおびただしい什物のなかにはおおくの近世文書もふくまれていたのである。そしてそのなかに「藤ノ木古墳には崇峻天皇が葬られている」ことを記した古文書もあった。それらのほとんどはやがて襖《ふすま》の下貼《したば》りになる予定で倉庫の片隅に積まれたままになっていたのである。

ところが、いつしかその存在も忘れられ、わたしの目にとまったころには、すでに鼠の巣になっていたのである。わたしは、まず鼠の尿に汚染されて悪臭を放っていた古文書の断簡を年代順に分類する作業にとりかかった。その量は大きな長持一杯分はあったと記憶している。

しかも、その古文書は室町時代から明治初期にいたるものであり、法隆寺の歴史ではもっとも不明確な時代の貴重な記録類だったのである。とくに、明治維新の神仏分離令がだされたころの文書がその大多数を占めていた。

かつて井上靖は『法隆寺ノート』のなかでつぎのように記している。

明治四十年頃の法隆寺を調べる必要があって、法隆寺に出掛けたのは（昭和）三十九年の秋である。私は新聞記者としてよく顔を出した寺務所に、その時初めて小説家として顔を出した。特別に当時を語る資料というものはなかった。

井上靖がいうように、明治時代の法隆寺を物語る史料は未整理の状態で、その存在すらしられていなかったのである。

その整理に加えて、明治時代に活躍した横山松三郎や小川一真といった写真師が撮影した法隆寺の姿を伝える古い写真の発見などもあり、明治時代の法隆寺の様子がしだいに鮮明となってきた。これも、わたしが資財帳を作成しようとする大きな動機の一つとなった。

また、廃棄されようとしていた古い襖の下貼りのなかから、鎌倉時代の古文書を発見したこともなつかしい思い出である。

それらの古文書と同様に、仏像の破片をはじめ各種の什物が建物の片隅に放置されたままになっていた。しかも、そのなかには飛鳥時代から近世にいたる各時代の貴重な寺宝がふくまれており、その内容たるやきわめて多岐にわたる膨大なものとなっている。

捨てることを知らない寺

このようなおびただしい寺宝のほとんどは、今回の調査によってはじめて紹介されたものばかりであり、まったく手付かずのものであったことはたしかである。そのような現実からも法隆寺という寺の奥の深さと重要性が再認識されつつある。さきに紹介した井上靖も、

（法隆寺は）古い寺なのでどこかいじれば必ず〝発見〟があった。時代の異なった瓦が見付かったり、落書きが見付かったりすると、それがみな記事になった。

と記者時代のことを述懐している。井上靖が指摘しているように、まさに法隆寺は宝物の山であり、無尽蔵という言葉がぴったりと合う、世にもまれなる寺院なのである。それは七世紀の後半から大きな災害に遭遇していないことと、破損したものでも捨てずに倉庫な

どにおさめておくという寺訓によるものではないだろうか。冒頭にも書いたように「法隆寺は捨てるということを知らない寺」なのである。

今回の調査によって、数百年ぶりに昔の姿に復元できた宝物も数おおくある。しかも、法隆寺の再建非再建論争の重要なポイントとなる七世紀後半の年記銘をもつ幡《ばん》などの貴重な資料が多数みつかっていることも注目に価する。

このように「昭和資財帳調査」の成果によって、法隆寺の創建と再建にかかわる諸問題が解明され、あわせて一四〇〇年におよぶ太子信仰の実態もあきらかとなりつつある。

法隆寺学へ

とくに、わたしは資財帳の編纂をふまえて法隆寺を中心とする教学・信仰・歴史・建築・彫刻・絵画・工芸・考古など、あらゆる分野の研究を統轄した「法隆寺学」を確立したいものと念願している。わたしたちは、このような時期にめぐりあうことができた幸せをかみしめつつ、法隆寺を現在にまで護持されてきたおおくの先徳たちの努力に深く感謝したいとおもっている。そして、その成果を基盤として今後の法隆寺の歩むべき道を模索したいと願っている昨今である。

現在までに調査が完了した部門は、つぎのような内容となっている。

彫刻　（木彫・金銅・乾漆）	約六五〇点
絵画	約四九〇点
写経・版木	約一万七〇〇点
典籍・古文書	約二万点
瓦	調査対象　約一万二〇〇〇点
百万塔・陀羅尼経	四万五七五五基・三九六二点
面・装束・楽器	約一五〇〇点（約四五〇件）
荘厳具・供養具・堂内具	約三〇〇〇点（約一五六件）
法具・梵音具・僧具	約三〇〇〇点（約八二〇件）
法会儀式用具・収納具・生活具	約二万点
西円堂奉納品　鏡	二四三〇点
武具	約六八〇〇点
髪飾り	約三六〇点

これらの大部分は調査も完了しつつあるが、なお続行中のものもあり、これからも新発見があるものと大いなる期待がよせられている。

あとがき

法隆寺は一九九三年（平成五）十二月十一日に、日本ではじめて世界文化遺産に登録された。その推薦理由は法隆寺に世界最古の木造建造物群が現存し、上代の仏教寺院の形態をよく伝えているということによる。

しかし、法隆寺にはけっして古い建物だけが存在しているのではない。法隆寺は仏教文化の世界的宝庫でもあり、七世紀から法隆寺で展開されてきた仏教の学問や信仰と、それに関わる仏教美術の数々を現在に忠実に伝えていることに注目していただきたい。まさに一四〇〇年間生きつづけてきたきわめて稀なる仏教寺院であり、歴史のミイラではないのである。

しかし、その法隆寺が歩んできた道はけっして安穏なものではなかった。そこには歴代の寺僧たちが聖徳太子を尊崇し、その精神の高揚をはかりつつ伽藍の護持に懸命となった痛ましいまでの苦難の歴史がある。そのような法隆寺の実像を広く人びとにご理解いただくために、世界文化遺産に登録されて、ちょうど三周年を迎えるこの時期に本書を出版することとしたのである。

本書の内容は法隆寺の信仰を妨げないことを鉄則としつつ、法隆寺に秘められている実像を解明し、おおくの人びとに少しでも親しみをいだいていただけるように努めたつもりである。そして現在取り組みつつある「法隆寺学」という新しい学問形態の確立をはかる第一歩としたいという思いを込めたものでもあり、本書を是非ともご一読いただき今後の「法隆寺学」の前進のためにもご指導とご叱正を期待したい。

本書の出版にあたって、助言をいただいた帝塚山大学教授森郁夫氏や、編集・校正に献身的なご協力をいただいた吉川弘文館編集部の大岩由明・杉原珠海両氏をはじめ、法隆寺当局や法隆寺昭和資財帳編纂所職員の各位に感謝の意を表する次第である。

一九九六年八月二十二日

高田良信

著者紹介

一九四一年、奈良県に生まれる

一九六五年、龍谷大学大学院修士課程修了

現在法隆寺管主、聖徳宗管長

主要著書

法隆寺子院の研究　私の法隆寺案内　法隆寺日記をひらく

歴史文化ライブラリー
6

世界文化遺産　法隆寺

一九九六年一一月一〇日　第一刷発行

著　者　高《たか》田《だ》良《りょう》信《しん》

発行者　吉川圭三

発行所　株式会社　吉川弘文館

東京都文京区本郷七丁目二番八号

郵便番号一一三

電話〇三―三八一三―九一五一〈代表〉

振替口座〇〇一〇〇―五―二四四

印刷＝平文社　製本＝ナショナル製本

装幀＝山崎　登（日本デザインセンター）

© Ryôshin Takada 1996. Printed in Japan

歴史文化ライブラリー

1996.10

刊行のことば

現今の日本および国際社会は、さまざまな面で大変動の時代を迎えておりますが、近づきつつある二十一世紀は人類史の到達点として、物質的な繁栄のみならず文化や自然・社会環境を謳歌できる平和な社会でなければなりません。しかしながら高度成長・技術革新にともなう急激な変貌は「自己本位な刹那主義」の風潮を生みだし、先人が築いてきた歴史や文化に学ぶ余裕もなく、いまだ明るい人類の将来が展望できていないようにも見えます。このような状況を踏まえ、よりよい二十一世紀社会を築くために、人類誕生から現在に至る「人類の遺産・教訓」としてのあらゆる分野の歴史と文化を「歴史文化ライブラリー」として刊行することといたしました。

小社は、安政四年(一八五七)の創業以来、一貫して歴史学を中心とした専門出版社として書籍を刊行しつづけてまいりました。その経験を生かし、学問成果にもとづいた本叢書を刊行し社会的要請に応えて行きたいと考えております。

現代は、マスメディアが発達した高度情報化社会といわれますが、私どもはあくまでも活字を主体とした出版こそ、ものの本質を考える基礎と信じ、本叢書をとおして社会に訴えてまいりたいと思います。これから生まれでる一冊一冊が、それぞれの読者を知的冒険の旅へと誘い、希望に満ちた人類の未来を構築する糧となれば幸いです。

吉川弘文館

〈オンデマンド版〉
世界文化遺産 法隆寺

On Demand
歴史文化ライブラリー
6

2017年（平成29）10月1日　発行

著　者　高《たか》田《だ》良《りよう》信《しん》
発行者　吉川道郎
発行所　株式会社　吉川弘文館
〒113-0033　東京都文京区本郷7丁目2番8号
TEL　03-3813-9151〈代表〉
URL　http://www.yoshikawa-k.co.jp/

印刷・製本　大日本印刷株式会社
装　幀　清水良洋・宮崎萌美

高田良信（1941～2017）
© Tokuko Takada 2017. Printed in Japan
ISBN978-4-642-75406-4

JCOPY 〈(社)出版者著作権管理機構 委託出版物〉
本書の無断複写は著作権法上での例外を除き禁じられています．複写される場合は，そのつど事前に，(社) 出版者著作権管理機構（電話03-3513-6969，FAX 03-3513-6979，e-mail: info@jcopy.or.jp）の許諾を得てください．